Estatuto de los Trabajadores

Lefebvre

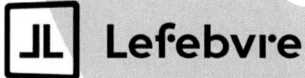

Decimotercera Edición: Julio de 2025

ISBN: 979-13-87732-10-3
Depósito Legal: M-14776-2025
PVP: 7,18 € (IVA incluido)
Imprime: Printing'94

© Lefebvre-El Derecho, S.A.
CIF: A79216651
Monasterios de Suso y Yuso, 34.28049 Madrid. Tfno.: 91 210 80 00
clientes@lefebvre.es
www.efl.es

Accede gratis a este Código Básico en nuestras aplicaciones móviles

1. Apunta y escanea

Abre la cámara de tu smartphone y apúntala al código QR que encontrarás en esta página.

2. Descarga nuestra app (si aún no la tienes)

- Si es la primera vez que escaneas nuestro QR, te llevaremos directamente a la tienda de aplicaciones de tu dispositivo (Google Play o App Store).
- Descarga nuestra app gratuita Códigos Lefebvre con un solo clic.
- Una vez instalada, ábrela y tendrás acceso inmediato al contenido actualizado del Código que acabas de escanear.

3. Para usuarios que ya tienen la app

- Si ya tienes nuestra app instalada pero nunca la has usado, simplemente escanea el código QR desde la pantalla de inicio de sesión.
- ¿Ya has utilizado nuestra app antes? Abre el menú lateral y selecciona "Escanear código QR" para acceder al nuevo Código

Este acceso estará disponible hasta el 1 de septiembre de 2026, fecha en que se publicarán las nuevas ediciones en formato papel.

Todos los ejemplares se entregarán retractilados. No se admitirá ninguna devolución de Códigos sin esta protección.

ÍNDICE

RELACIÓN DE REFORMAS A LA PRESENTE LEY

Real Decreto-ley 4/2017, de 24 de febrero, por el que se modifica el régimen de los trabajadores para la prestación del servicio portuario de manipulación de mercancías dando cumplimiento a la Sentencia del Tribunal de Justicia de la Unión Europea de 11 de diciembre de 2014, recaída en el asunto C-576/13 (procedimiento de infracción 2009/4052).

Resolución de 16 de marzo de 2017, del Congreso de los Diputados, por la que se ordena la publicación del Acuerdo de derogación del Real Decreto-ley 4/2017, de 24 de febrero, por el que se modifica el régimen de los trabajadores para la prestación del servicio portuario de manipulación de mercancías dando cumplimiento a la Sentencia del Tribunal de Justicia de la Unión Europea de 11 de diciembre de 2014, recaída en el asunto C-576/13 (procedimiento de infracción 2009/4052).

Real Decreto-ley 8/2017, de 12 de mayo, por el que se modifica el régimen de los trabajadores para la prestación del servicio portuario de manipulación de mercancías dando cumplimiento a la Sentencia del Tribunal de Justicia de la Unión Europea de 11 de diciembre de 2014, recaída en el Asunto C-576/13 (procedimiento de infracción 2009/4052).

Ley 6/2018, de 3 de julio, de Presupuestos Generales del Estado para el año 2018.

Ley Orgánica 3/2018, de 5 de diciembre, de Protección de Datos Personales y garantía de los derechos digitales.

Real Decreto-ley 28/2018, de 28 de diciembre, para la revalorización de las pensiones públicas y otras medidas urgentes en materia social, laboral y de empleo.

Real Decreto-ley 6/2019, de 1 de marzo, de medidas urgentes para garantía de la igualdad de trato y de oportunidades entre mujeres y hombres en el empleo y la ocupación.

Real Decreto-ley 8/2019, de 8 de marzo, de medidas urgentes de protección social y de lucha contra la precariedad laboral en la jornada de trabajo.

Real Decreto-ley 4/2020, de 18 de febrero, por el que se deroga el despido objetivo por faltas de asistencia al trabajo establecido en el artículo 52.d) del texto refundido de la Ley del Estatuto de los Trabajadores, aprobado por el Real Decreto Legislativo 2/2015, de 23 de octubre.

Real Decreto-ley 19/2020, de 26 de mayo, por el que se adoptan medidas complementarias en materia agraria, científica, económica, de empleo y Seguridad Social y tributarias para paliar los efectos del COVID-19.

Real Decreto-ley 24/2020, de 26 de junio, de medidas sociales de reactivación del empleo y protección del trabajo autónomo y de competitividad del sector industrial.

Real Decreto-ley 28/2020, de 22 de septiembre, de trabajo a distancia.

Ley 11/2020, de 30 de diciembre, de Presupuestos Generales del Estado para el año 2021.

Real Decreto-ley 9/2021, de 11 de mayo, por el que se modifica el texto refundido de la Ley del Estatuto de los Trabajadores, aprobado por el Real Decreto Legislativo 2/2015, de 23 de octubre, para garantizar los derechos laborales de las personas dedicadas al reparto en el ámbito de plataformas digitales.

Ley 10/2021, de 9 de julio, de trabajo a distancia.

Ley 12/2021, de 28 de septiembre, por la que se modifica el texto refundido de la Ley del Estatuto de los Trabajadores, aprobado por el Real Decreto Legislativo 2/2015, de 23 de octubre, para garantizar los derechos laborales de las personas dedicadas al reparto en el ámbito de plataformas digitales.

Ley 21/2021, de 28 de diciembre, de garantía del poder adquisitivo de las pensiones y de otras medidas de refuerzo de la sostenibilidad financiera y social del sistema público de pensiones.

Ley 22/2021, de 28 de diciembre, de Presupuestos Generales del Estado para el año 2022.

Real Decreto-ley 32/2021, de 28 de diciembre, de medidas urgentes para la reforma laboral, la garantía de la estabilidad en el empleo y la transformación del mercado de trabajo.

Real Decreto-ley 5/2022, de 22 de marzo, por el que se adapta el régimen de la relación laboral de carácter especial de las personas dedicadas a las actividades artísticas, así como a las actividades técnicas y auxiliares necesarias para su desarrollo, y se mejoran las condiciones laborales del sector.

Ley Orgánica 10/2022, de 6 de septiembre, de garantía integral de la libertad sexual.

Real Decreto-ley 16/2022, de 6 de septiembre, para la mejora de las condiciones de trabajo y de Seguridad Social de las personas trabajadoras al servicio del hogar.

Ley 3/2023, de 28 de febrero, de Empleo.

Ley 4/2023, de 28 de febrero, para la igualdad real y efectiva de las personas trans y para la garantía de los derechos de las personas LGTBI.

Ley Orgánica 1/2023, de 28 de febrero, por la que se modifica la Ley Orgánica 2/2010, de 3 de marzo, de salud sexual y reproductiva y de la interrupción voluntaria del embarazo.

Real Decreto-ley 2/2023, de 16 de marzo, de medidas urgentes para la ampliación de derechos de los pensionistas, la reducción de la brecha de género y el establecimiento de un nuevo marco de sostenibilidad del sistema público de pensiones.

Real Decreto-ley 5/2023, de 28 de junio, por el que se adoptan y prorrogan determinadas medidas de respuesta a las consecuencias económicas y sociales de la Guerra de Ucrania, de apoyo a la reconstrucción de la isla de La Palma y a otras situaciones de vulnerabilidad; de transposición de Directivas de la Unión Europea en materia de modificaciones estructurales de sociedades mercantiles y conciliación de la vida familiar y la vida profesional de los progenitores y los cuidadores; y de ejecución y cumplimiento del Derecho de la Unión Europea.

Real Decreto-ley 7/2023, de 19 de diciembre, por el que se adoptan medidas urgentes, para completar la transposición de la Directiva (UE) 2019/1158, del Parlamento Europeo y del Consejo, de 20 de junio de 2019, relativa a la conciliación de la vida familiar y la vida profesional de los progenitores y los cuidadores, y por la que se deroga la Directiva 2010/18/UE del Consejo, y para la simplificación y mejora del nivel asistencial de la protección por desempleo.

Resolución de 10 de enero de 2024, del Congreso de los Diputados, por la que se ordena la publicación del Acuerdo de derogación del Real Decreto-ley 7/2023, de 19 de diciembre, por el que se adoptan medidas urgentes, para completar la transposición de la Directiva (UE) 2019/1158, del Parlamento Europeo y del Consejo, de 20 de junio de 2019, relativa a la conciliación de la vida familiar y la vida profesional de los progenitores y los cuidadores, y por la que se deroga la Directiva 2010/18/UE del Consejo, y para la simplificación y mejora del nivel asistencial de la protección por desempleo.

Real Decreto-ley 2/2024, de 21 de mayo, por el que se adoptan medidas urgentes para la simplificación y mejora del nivel asistencial de la protección por desempleo, y para completar la transposición de la Directiva (UE) 2019/1158 del Parlamento Europeo y del Consejo, de 20 de junio de 2019, relativa a la conciliación de la vida familiar y la vida profesional de los progenitores y los cuidadores, y por la que se deroga la Directiva 2010/18/UE del Consejo.

Ley Orgánica 2/2024, de 1 de agosto, de representación paritaria y presencia equilibrada de mujeres y hombres.

Sentencia 140/2024 del Tribunal Constitucional, Pleno, de 6 de Noviembre de 2024

Real Decreto-Ley 8/2024, de 28 de noviembre, por el que se adoptan medidas urgentes complementarias en el marco del Plan de respuesta inmediata, reconstrucción y relanzamiento frente a los daños causados por la Depresión Aislada en Niveles Altos (DANA) en diferentes municipios entre el 28 de octubre y el 4 de noviembre de 2024.

Ley 6/2024, de 20 de diciembre, para la mejora de la protección de las personas donantes en vivo de órganos o tejidos para su posterior trasplante.

Real Decreto Ley 11/2024, de 23 de diciembre, para la mejora de la compatibilidad de la pensión de jubilación con el trabajo.

Ley Orgánica 1/2025, de 2 de enero, de medidas en materia de eficiencia del Servicio Público de Justicia.

Real Decreto Legislativo 2/2015, de 23 de octubre, por el que se aprueba el texto refundido de la Ley del Estatuto de los Trabajadores.

Última reforma de la presente disposición realizada por RDL 9/2025, de 29 de julio, por el que se amplía el permiso de nacimiento y cuidado

El artículo Uno.d) de la Ley 20/2014, de 29 de octubre, por la que se delega en el Gobierno la potestad de dictar diversos textos refundidos, en virtud de lo establecido en el art. 82 y siguientes de la Constitución Española, autorizó al Gobierno para aprobar un texto refundido en el que se integrasen, debidamente regularizadas, aclaradas y armonizadas, el texto refundido de la Ley del Estatuto de los Trabajadores, aprobado mediante Real Decreto Legislativo 1/1995, de 24 de marzo, y todas las disposiciones legales relacionadas que se enumeran en ese apartado, así como las normas con rango de ley que las hubieren modificado. El plazo para la realización de dicho texto era de doce meses a partir de la entrada en vigor de la citada Ley 20/2014, que tuvo lugar el 31 de octubre de 2014.

Este real decreto legislativo ha sido sometido a consulta de las organizaciones sindicales y empresariales más representativas. Además, ha sido informado por el Consejo Económico y Social.

En su virtud, a propuesta de la Ministra de Empleo y Seguridad Social, de acuerdo con el Consejo de Estado y previa deliberación del Consejo de Ministros en su reunión del día 23 de octubre de 2015,

DISPONGO:

Único. *Aprobación del texto refundido de la Ley del Estatuto de los Trabajadores.* Se aprueba el texto refundido de la Ley del Estatuto de los Trabajadores que se inserta a continuación.

DISPOSICIÓN DEROGATORIA

Disposición derogatoria única. *Derogación normativa.* Quedan derogadas cuantas disposiciones de igual o inferior rango se opongan a lo dispuesto en este real decreto legislativo y en el texto refundido que aprueba y, en particular, las siguientes:

1. El Real Decreto Legislativo 1/1995, de 24 de marzo, por el que se aprueba el texto refundido de la Ley del Estatuto de los Trabajadores.

2. La disposición adicional cuarta y la disposición transitoria segunda de la Ley 12/2001, de 9 de julio, de medidas urgentes de reforma del mercado de trabajo para el incremento del empleo y la mejora de su calidad.

3. La disposición adicional séptima y la disposición transitoria segunda de la Ley 43/2006, de 29 de diciembre, para la mejora del crecimiento y del empleo.

4. Las disposiciones adicionales primera y tercera y las disposiciones transitorias primera, segunda y duodécima de la Ley 35/2010, de 17 de septiembre, de medidas urgentes para la reforma del mercado de trabajo.

5. El artículo 5, la disposición adicional quinta y las disposiciones transitorias primera y segunda del Real Decreto-ley 10/2011, de 26 de agosto, de medidas urgentes para la promoción del empleo de los jóvenes, el fomento de la estabilidad en el empleo y el mantenimiento del programa de recualificación profesional de las personas que agoten su protección por desempleo.

6. El artículo 17, las disposiciones adicionales sexta y novena, las disposiciones transitorias quinta y sexta, el apartado 1 de la disposición transitoria novena y las disposiciones transitorias décima y decimoquinta de la Ley 3/2012, de 6 de julio, de medidas urgentes para la reforma del mercado laboral.

7. La disposición transitoria séptima del Real Decreto-ley 20/2012, de 13 de julio, de medidas para garantizar la estabilidad presupuestaria y de fomento de la competitividad.

8. La disposición adicional sexta del Real Decreto-ley 5/2013, de 15 de marzo, de medidas para favorecer la continuidad de la vida laboral de los trabajadores de mayor edad y promover el envejecimiento activo.

9. La disposición transitoria única del Real Decreto-ley 16/2013, de 20 de diciembre, de medidas para favorecer la contratación estable y mejorar la empleabilidad de los trabajadores.

10. La disposición transitoria segunda de la Ley 1/2014, de 28 de febrero, para la protección de los trabajadores a tiempo parcial y otras medidas urgentes en el orden económico y social.

TEXTO REFUNDIDO DE LA LEY DEL ESTATUTO DE LOS TRABAJADORES

TÍTULO I
De la relación individual de trabajo

CAPÍTULO I
Disposiciones generales

Sección 1ª
Ámbito y fuentes

1. *Ámbito de aplicación.* 1. Esta ley será de aplicación a los trabajadores que voluntariamente presten sus servicios retribuidos por cuenta ajena y dentro del ámbito de organización y dirección de otra persona, física o jurídica, denominada empleador o empresario. [1]

2. A los efectos de esta ley, serán empresarios todas las personas, físicas o jurídicas, o comunidades de bienes que reciban la prestación de servicios de las personas referidas en el apartado anterior, así como de las personas contratadas para ser cedidas a empresas usuarias por empresas de trabajo temporal legalmente constituidas. [2]

3. Se excluyen del ámbito regulado por esta ley: [3]

---

[1] Téngase en cuenta, sobre el concepto de empresario a efectos de Seguridad Social, el art. 138.3 LGSS, aprobada por RDLeg. 8/2015

[2] Véanse arts. 392 y ss. CC, art. 42 CCom., arts. 10 a 15 Ley 14/1994, de 1 junio, por la que se regulan las Empresas de Trabajo Temporal, y arts. 4 y ss. Ley 44/2007, de 13 diciembre, para la regulación del régimen de las empresas de inserción

[3] Véase art. 3 LRJS

a) La relación de servicio de los funcionarios públicos, que se regirá por las correspondientes normas legales y reglamentarias, así como la del personal al servicio de las Administraciones Públicas y demás entes, organismos y entidades del sector público, cuando, al amparo de una ley, dicha relación se regule por normas administrativas o estatutarias. [4]

b) Las prestaciones personales obligatorias. [5]

c) La actividad que se limite, pura y simplemente, al mero desempeño del cargo de consejero o miembro de los órganos de administración en las empresas que revistan la forma jurídica de sociedad y siempre que su actividad en la empresa solo comporte la realización de cometidos inherentes a tal cargo. [6]

d) Los trabajos realizados a título de amistad, benevolencia o buena vecindad. [7]

e) Los trabajos familiares, salvo que se demuestre la condición de asalariados de quienes los llevan a cabo. Se considerarán familiares, a estos efectos, siempre que convivan con el empresario, el cónyuge, los descendientes, ascendientes y demás parientes por consanguinidad

---

[4] Véanse Ley 30/1984, de 2 agosto, de medidas para la Reforma de la Función Pública, arts. 1, 2, 3, 6 y 11 y disposición final 4.3 RDLeg. 5/2015, de 30 de octubre, texto refundido de la Ley del Estatuto Básico del Empleado Público, Ley 7/1985, de 2 abril, reguladora de las Bases del Régimen Local, Ley 55/2003, de 16 diciembre, del Estatuto Marco del personal estatutario de los servicios de salud, arts. 18 y ss. Ley 28/2006, de 18 julio, de Agencias estatales para la mejora de los servicios públicos, Res. de 21 junio de 2007, de la Secretaría General para la Administración Pública, por la que se publican las Instrucciones, de 5 junio 2007, para la aplicación del Estatuto Básico del Empleado Público en el ámbito de la Administración General del Estado y sus organismos públicos y arts. 23 y 37 Ley 2/2012, de 29 junio, de Presupuestos Generales del Estado para 2012

[5] Véanse arts. 30 y 31.3 CE, art. 27 LO 5/1985, de 19 junio, del Régimen Electoral General, arts. 6 y 7 LO 5/1995, de 22 mayo, del Tribunal del Jurado, art. 49 CP, RD 840/2011, de 17 junio, por el que se establecen las circunstancias de ejecución de las penas de trabajos en beneficio de la comunidad y de localización permanente en centro penitenciario, de determinadas medidas de seguridad, así como de la suspensión de la ejecución de las penas privativas de libertad y sustitución de penas, RD 782/2001, de 6 julio, por el que se regula la relación laboral de carácter especial de los penados que realicen actividades laborales en talleres penitenciarios y la protección de Seguridad Social de los sometidos a penas de trabajo en beneficio de la comunidad, y art. 272.2 LGSS, aprobada por RDLeg. 8/2015

[6] Véanse art. 529 duodecies RDLeg. 1/2010, de 2 de julio, por el que se aprueba el TR Ley de Sociedades de Capital y art. 2.1 a) de la presente Ley

[7] Véase art. 3.1 Ley 45/2015, de 14 de octubre, de Voluntariado

o afinidad, hasta el segundo grado inclusive y, en su caso, por adopción. [8]

f) La actividad de las personas que intervengan en operaciones mercantiles por cuenta de uno o más empresarios, siempre que queden personalmente obligados a responder del buen fin de la operación asumiendo el riesgo y ventura de la misma. [9]

g) En general, todo trabajo que se efectúe en desarrollo de relación distinta de la que define el apartado 1. [10]

A tales efectos se entenderá excluida del ámbito laboral la actividad de las personas prestadoras del servicio de transporte al amparo de autorizaciones administrativas de las que sean titulares, realizada, mediante el correspondiente precio, con vehículos comerciales de servicio público cuya propiedad o poder directo de disposición ostenten, aun cuando dichos servicios se realicen de forma continuada para un mismo cargador o comercializador.

4. La legislación laboral española será de aplicación al trabajo que presten los trabajadores españoles contratados en España al servicio de empresas españolas en el extranjero, sin perjuicio de las normas de orden público aplicables en el lugar de trabajo. Dichos trabajadores tendrán, al menos, los derechos económicos que les corresponderían de trabajar en territorio español. [11]

---

[8] Véanse art. 44 CC, art. 6.1 b) Ley 43/2006, de 29 diciembre, para la mejora del crecimiento y del empleo, y disp. adic. 10ª Ley 20/2007, de 11 julio, del Estatuto del trabajo autónomo

[9] Véanse art. 1 Ley 12/1992, de 27 mayo, sobre Contrato de Agencia, tít. I del libro II RDL 3/2020, de 4 febrero (sobre la distribución de seguros), disposiciones adicionales 17ª y 19ª Ley 20/2007, de 11 julio, del Estatuto del trabajo autónomo, art. 1 RD 1438/1985, de 1 agosto, por el que se regula la Relación Laboral de carácter Especial de las personas que intervengan en operaciones mercantiles por cuenta de uno o más empresarios, sin asumir el riesgo y ventura de aquéllas, y   art. 2.1 f) de la presente Ley

[10] Véase Ley 20/2007, de 11 julio, del Estatuto del trabajo autónomo, y disp. adic. 1ª de la presente Ley

[11] Véanse art. 3 RD 1659/1998, de 24 julio, por el que se desarrolla el art. 8.5 ET en materia de información al trabajador sobre los elementos esenciales del Contrato de Trabajo y art. 7 RD 708/2004 de 23 julio, por el que se establece el Estatuto de las personas cooperantes

5. A efectos de esta ley se considera centro de trabajo la unidad productiva con organización específica, que sea dada de alta, como tal, ante la autoridad laboral. [12]

En la actividad de trabajo en el mar se considerará como centro de trabajo el buque, entendiéndose situado en la provincia donde radique su puerto de base.

2. *Relaciones laborales de carácter especial.* 1. Se considerarán relaciones laborales de carácter especial:

a) La del personal de alta dirección no incluido en el artículo 1.3.c). [13]

b) La del servicio del hogar familiar. [14]

c) La de los penados en las instituciones penitenciarias. [15]

d) La de los deportistas profesionales. [16]

e) La de las personas artistas que desarrollan su actividad en las artes escénicas, audiovisuales y musicales, así como las personas que realizan actividades técnicas o auxiliares necesarias para el desarrollo de dicha actividad. [17] [18]

---

[12] Véanse art. 187 LGSS de 1974y arts. 11.3 y 12.5 LISOS

[13] Véase RD 1382/1985, de 1 agosto, por el que se regula la Relación Laboral de carácter Especial del personal de Alta Dirección

[14] Véase RD 1620/2011, de 14 noviembre, por el que se regula la relación laboral de carácter especial del servicio del hogar familiar

[15] Véanse art. 25.2 CE, arts. 26 y ss. LO 1/1979, de 26 septiembre, General Penitenciaria, arts. 132 y 133 RD 190/1996, de 9 febrero, por el que se aprueba el Reglamento Penitenciario, RD 782/2001, de 6 julio, por el que se regula la relación laboral de carácter especial de los penados que realicen actividades laborales en talleres penitenciarios y la protección de Seguridad Social de los sometidos a penas de trabajo en beneficio de la comunidad, art. 5 RD 438/2008, de 14 abril, por el que se aprueba la estructura orgánica básica de los departamentos ministeriales, y art. 1.2 RD 1659/1998, de 24 julio, por el que se desarrolla el art.8.5 ET en materia de información al trabajador sobre los elementos esenciales del Contrato de Trabajo

[16] Véase RD 1006/1985, de 26 junio, por el que se regula la Relación Laboral Especial de los Deportistas Profesionales

[17] Véase Real Decreto 1435/1985, de 1 de agosto, por el que se regula la relación laboral especial de las personas artistas que desarrollan su actividad en las artes escénicas, audiovisuales y musicales, así como de las personas que realizan actividades técnicas o auxiliares necesarias para el desarrollo de dicha actividad

[18] Dada nueva redacción apartado 1 letra e por art. 1 de Real Decreto-Ley 5/2022 de 22 de marzo de 2022, con vigencia desde 31/03/2022

f) La de las personas que intervengan en operaciones mercantiles por cuenta de uno o más empresarios sin asumir el riesgo y ventura de aquellas. [19]

g) La de los trabajadores con discapacidad que presten sus servicios en los centros especiales de empleo. [20]

Apartado 1 letra h (Derogada) [21]

i) La de los menores sometidos a la ejecución de medidas de internamiento para el cumplimiento de su responsabilidad penal.

j) La de residencia para la formación de especialistas en Ciencias de la Salud. [22]

k) La de los abogados que prestan servicios en despachos de abogados, individuales o colectivos. [23]

l) Cualquier otro trabajo que sea expresamente declarado como relación laboral de carácter especial por una ley. [24]

---

[19] Véanse RD 1438/1985, de 1 agosto, por el que se regula la Relación Laboral de carácter Especial de las personas que intervengan en operaciones mercantiles por cuenta de uno o más empresarios, sin asumir el riesgo y ventura de aquéllas, art. 2 Ley 12/1992, de 27 mayo, sobre Contrato de Agencia, y arts. 128 y 129 RDL 3/2020, de 4 febrero (sobre distribución de seguros)

[20] Véase RD 1368/1985, de 17 julio, por el que se regula la Relación Laboral de carácter Especial de los Minusválidos que trabajen en los Centros Especiales de Empleo

[21] Derogada apartado 1 letra h por disposición derogatoria única letra b de Real Decreto-Ley 8/2017 de 12 de mayo de 2017, con vigencia desde 14/05/2017

[22] Véase RD 1146/2006, de 6 octubre

[23] Véase RD 1331/2006, de 17 noviembre, por el que se regula la relación laboral de carácter especial de los abogados que prestan servicios en despachos de abogados, individuales o colectivos

[24] Véanse art. 39 Ley 53/2002, de 30 diciembre, art. 53 RD 1774/2004, de 30 julio, disp. adic. 1ª Ley 44/2003, de 21 noviembre, disp. adic. 1ª Ley 22/2005, de 18 noviembre, RD 1331/2006, de 17 noviembre, RD 2205/1980, de 13 junio, Anejo 8 Convenio de 1 diciembre 1988 entre el Reino de España y los Estados Unidos de América sobre Cooperación para la Defensa, arts. 13.4, 80 a 87 y 95 Ley 27/1999, de 16 de julio, de Cooperativas, Ley 5/2014 de 4 abril, de Seguridad Privada, disp. adic. 3ª.2 LO 2/2006, de 3 de mayo, de Educación, RDLeg. 5/2015, de 30 de octubre, texto refundido de la Ley del Estatuto Básico del Empleado Público, Ley 44/2007, de 13 diciembre, para la regulación del régimen de las empresas de inserción, RD 103/2019, de 1 marzo y RD 708/2024, de 23 julio

2. En todos los supuestos señalados en el apartado anterior, la regulación de dichas relaciones laborales respetará los derechos básicos reconocidos por la Constitución. [25]

3. *Fuentes de la relación laboral.* 1. Los derechos y obligaciones concernientes a la relación laboral se regulan:

a) Por las disposiciones legales y reglamentarias del Estado.

b) Por los convenios colectivos.

c) Por la voluntad de las partes, manifestada en el contrato de trabajo, siendo su objeto lícito y sin que en ningún caso puedan establecerse en perjuicio del trabajador condiciones menos favorables o contrarias a las disposiciones legales y convenios colectivos antes expresados.

d) Por los usos y costumbres locales y profesionales.

2. Las disposiciones legales y reglamentarias se aplicarán con sujeción estricta al principio de jerarquía normativa. Las disposiciones reglamentarias desarrollarán los preceptos que establecen las normas de rango superior, pero no podrán establecer condiciones de trabajo distintas a las establecidas por las leyes a desarrollar. [26]

3. Los conflictos originados entre los preceptos de dos o más normas laborales, tanto estatales como pactadas, que deberán respetar en todo caso los mínimos de derecho necesario, se resolverán mediante la aplicación de lo más favorable para el trabajador apreciado en su conjunto, y en cómputo anual, respecto de los conceptos cuantificables.

4. Los usos y costumbres solo se aplicarán en defecto de disposiciones legales, convencionales o contractuales, a no ser que cuenten con una recepción o remisión expresa.

5. Los trabajadores no podrán disponer válidamente, antes o después de su adquisición, de los derechos que tengan reconocidos por disposiciones legales de derecho necesario. Tampoco podrán disponer válidamente de los derechos reconocidos como indisponibles por convenio colectivo. [27]

---

[25] Véase art. 1.2 RDL 3/2004, de 25 junio, para la racionalización de la regulación del salario mínimo interprofesional y para el incremento de su cuantía y téngase en cuenta lo dispuesto en el art. 6 Ley 43/2006, de 29 diciembre, para la mejora del crecimiento y del empleo

[26] Véase art. 9.3 CE

[27] Véase art. 246 LRJS

Sección 2ª
Derechos y deberes laborales básicos

4. *Derechos laborales.* 1. Los trabajadores tienen como derechos básicos, con el contenido y alcance que para cada uno de los mismos disponga su específica normativa, los de:

a) Trabajo y libre elección de profesión u oficio. [28]

b) Libre sindicación. [29]

c) Negociación colectiva. [30]

d) Adopción de medidas de conflicto colectivo. [31]

e) Huelga. [32]

f) Reunión. [33]

g) Información, consulta y participación en la empresa. [34]

2. En la relación de trabajo, los trabajadores tienen derecho:

a) A la ocupación efectiva. [35]

b) A la promoción y formación profesional en el trabajo, incluida la dirigida a su adaptación a las modificaciones operadas en el puesto de trabajo, así como al desarrollo de planes y acciones formativas tendentes a favorecer su mayor empleabilidad. [36]

---

[28] Véase art. 35.1 CE

[29] Véanse LOLS, art. 28.1 CE y Ley 19/1977, de 1 abril, sobre regulación del derecho de asociación sindical

[30] Véase art. 37.1 CE, arts. 31 y ss. RDLeg. 5/2015, de 30 de octubre, texto refundido de la Ley del Estatuto Básico del Empleado Público y arts. 82 y ss. de la presente Ley

[31] Véanse art. 37.2 CE y art. 17 y ss. RDL 17/1977, de 4 marzo, sobre Relaciones de Trabajo

[32] Véanse art. 28.2 CE y art. 1 y ss. RDL 17/1977, de 4 marzo, sobre Relaciones de Trabajo

[33] Véanse art. 21.1 CE y arts. 8 y ss. LOLS

[34] Véanse art. 129.2 CE, Ley 10/1997, de 24 abril, sobre Derechos de Información y Consulta de los Trabajadores en las empresas y grupos de empresas de dimensión Comunitaria, y Ley 31/2006, de 18 octubre, sobre implicación de los trabajadores en las sociedades anónimas y cooperativas europeas

[35] Véanse art. 7.4 RD 1006/1985, de 26 junio, por el que se regula la Relación Laboral Especial de los Deportistas Profesionales, y art. 6.3 RD 1435/1985, de 1 agosto, por el que se regula la Relación Laboral Especial de los Artistas en Espectáculos Públicos

[36] Véase art. 35.1 CE

c) A no ser discriminadas directa o indirectamente para el empleo o, una vez empleados, por razones de estado civil, edad dentro de los límites marcados por esta ley, origen racial o étnico, condición social, religión o convicciones, ideas políticas, orientación sexual, identidad sexual, expresión de género, características sexuales, afiliación o no a un sindicato, por razón de lengua dentro del Estado español, discapacidad, así como por razón de sexo, incluido el trato desfavorable dispensado a mujeres u hombres por el ejercicio de los derechos de conciliación o corresponsabilidad de la vida familiar y laboral. [37] [38]

d) A su integridad física y a una adecuada política de prevención de riesgos laborales. [39]

e) Al respeto de su intimidad y a la consideración debida a su dignidad, comprendida la protección frente al acoso por razón de origen racial o étnico, religión o convicciones, discapacidad, edad u orientación sexual, y frente al acoso sexual y al acoso por razón de sexo. [40]

f) A la percepción puntual de la remuneración pactada o legalmente establecida. [41]

---

[37] Véanse arts. 9.2, 14, 28.1, 35.1, 49 y 149.1.1 CE, Convenio 111 OIT, de 25 junio 1958, relativo a la discriminación en materia de empleo y ocupación, art. 12 LOLS, arts. 3 y 5 LO 3/2007, de 22 marzo, para la igualdad efectiva de mujeres y hombres, RDLeg. 1/2013, de 29 noviembre, por el que se aprueba el TR Ley General de derechos de las personas con discapacidad y de su inclusión social, RD 1451/1983, de 11 mayo, por el que se regula el Empleo Selectivo y las medidas de Fomento del Empleo de los Trabajadores Minusválidos y RD 1368/1985, de 17 julio, por el que se regula la Relación Laboral de carácter Especial de los Minusválidos que trabajen en los Centros Especiales de Empleo y arts. 17, 22.4, 24.2, 28, 53.4, 55.5 y 68 c) de la presente Ley

[38] Dada nueva redacción apartado 2 apartado c por art. 127 apartado 1 de Real Decreto-Ley 5/2023 de 28 de junio de 2023, con vigencia desde 30/06/2023

[39] Véanse arts. 40.2 y 43 CE, arts. 26, 27 y 186 y ss. LGSS de 1974, Ley 31/1995, de 8 noviembre, de Prevención de Riesgos Laborales, arts. 32 a 34 Ley 33/2011, de 4 de octubre, General de Salud Pública, Ley 41/2002, de 14 noviembre, básica reguladora de la autonomía del paciente y de derechos y obligaciones en materia de información y documentación clínica, Ley 44/2003, de 21 noviembre, de ordenación de las profesiones sanitarias, y art. 11.2 g) Ley 16/2003, de 28 mayo, de cohesión y calidad del Sistema Nacional de Salud

[40] Véanse art.2.f) RDLeg. 1/2013, de 29 de noviembre, por el que se aprueba el TR Ley General de derechos de las personas con discapacidad y de su inclusión social, art. 7 LO 3/2007, de 22 marzo, para la igualdad efectiva de mujeres y hombres, arts. 8.11, 8.13 y 8.13 bis LISOS, y art. 18 de la presente Ley

[41] Véanse art. 35.1 CE, art. 8.1 LISOS, arts. 29 y 50 de la presente Ley

g) Al ejercicio individual de las acciones derivadas de su contrato de trabajo. [42]

h) A cuantos otros se deriven específicamente del contrato de trabajo. [43]

5. *Deberes laborales.* Los trabajadores tienen como deberes básicos:

a) Cumplir con las obligaciones concretas de su puesto de trabajo, de conformidad con las reglas de la buena fe y diligencia. [44]

b) Observar las medidas de prevención de riesgos laborales que se adopten. [45]

c) Cumplir las órdenes e instrucciones del empresario en el ejercicio regular de sus facultades directivas. [46]

d) No concurrir con la actividad de la empresa, en los términos fijados en esta ley. [47]

e) Contribuir a la mejora de la productividad. [48]

f) Cuantos se deriven, en su caso, de los respectivos contratos de trabajo.

---

[42] Véanse art. 24 CE y art. 16 LRJS

[43] Véanse arts. 15 a 21 Ley 24/2015, de 24 julio, de Patentes, art. 12 g) y h) RD 103/2019, de 1 de marzo, por el que se aprueba el Estatuto del personal investigador en formación, y arts. 51 y 110 RDLeg. 1/1996, de 12 abril, por el que se aprueba el texto refundido de la Ley de Propiedad Intelectual, regularizando, aclarando y armonizando las disposiciones legales vigentes sobre la materia

[44] Véanse arts. 20 y 54.2 d) de la presente Ley

[45] Véanse art. 29 Ley 31/1995, de 8 noviembre, de Prevención de Riesgos Laborales y art. 19 de la presente Ley

[46] Véanse arts. 20 y 54.2 d) de la presente Ley

[47] Véanse arts. 21 y 54.2 d) de la presente Ley

[48] Véanse art. 38 CE y art. 82.2 de la presente Ley

Sección 3ª
Elementos y eficacia del contrato de trabajo

6. *Trabajo de los menores.* 1. Se prohíbe la admisión al trabajo a los menores de dieciséis años. [49]

2. Los trabajadores menores de dieciocho años no podrán realizar trabajos nocturnos ni aquellas actividades o puestos de trabajo respecto a los que se establezcan limitaciones a su contratación conforme a lo dispuesto en la Ley 31/1995, de 8 de noviembre, de Prevención de Riesgos Laborales, y en las normas reglamentarias aplicables. [50]

3. Se prohíbe realizar horas extraordinarias a los menores de dieciocho años. [51]

4. La intervención de los menores de dieciséis años en espectáculos públicos solo se autorizará en casos excepcionales por la autoridad laboral, siempre que no suponga peligro para su salud ni para su formación profesional y humana. El permiso deberá constar por escrito y para actos determinados. [52]

7. *Capacidad para contratar.* Podrán contratar la prestación de su trabajo: [53]

a) Quienes tengan plena capacidad de obrar conforme a lo dispuesto en el Código Civil. [54]

b) Los menores de dieciocho y mayores de dieciséis años, que vivan de forma independiente, con consentimiento de sus padres o tutores,

---

[49] Véase art. 27 Ley 31/1995, de 8 noviembre, de Prevención de Riesgos Laborales

[50] Véanse Convenio 182 OIT sobre la prohibición de las peores formas de trabajo infantil y de la acción inmediata para su eliminación, hecho en Ginebra el 17 junio 1999, y art. 8.4 LISOS

[51] Véanse arts. 34.3 y 4 y 37.1 de la presente Ley

[52] Véase art. 2 RD 1435/1985, de 1 agosto, por el que se regula la Relación Laboral Especial de los Artistas en Espectáculos Públicos

[53] Véase Dir. 94/33/CE, de 22 junio 1994, relativa a la protección de los jóvenes en el trabajo

[54] Véanse art. 12 CE, arts. 200, 215, 267, 289, 315 y 322 CC, y arts. 748 y ss. LEC

o con autorización de la persona o institución que les tenga a su cargo. [55]

Si el representante legal de una persona de capacidad limitada la autoriza expresa o tácitamente para realizar un trabajo, queda esta también autorizada para ejercitar los derechos y cumplir los deberes que se derivan de su contrato y para su cesación. [56]

c) Los extranjeros, de acuerdo con lo dispuesto en la legislación específica sobre la materia. [57]

8. *Forma del contrato.* 1. El contrato de trabajo se podrá celebrar por escrito o de palabra. Se presumirá existente entre todo el que presta un servicio por cuenta y dentro del ámbito de organización y dirección de otro y el que lo recibe a cambio de una retribución a aquel. [58]

2. Deberán constar por escrito los contratos de trabajo cuando así lo exija una disposición legal y, en todo caso, los de prácticas y para la formación y el aprendizaje, los contratos a tiempo parcial, fijos-discontinuos y de relevo y los contratos para la realización de una obra o servicio determinado; también constarán por escrito los contratos por tiempo determinado cuya duración sea superior a cuatro semanas.

Deberán constar igualmente por escrito los contratos de trabajo de los pescadores, de los trabajadores que trabajen a distancia y de los trabajadores contratados en España al servicio de empresas españolas en el extranjero.

De no observarse la exigencia de forma escrita, el contrato de trabajo se presumirá celebrado por tiempo indefinido y a jornada completa,

---

[55] Véanse arts. 162 y 319 CC

[56] Véanse art. 323 CC y art. 16.2 y 3 LRJS

[57] Véanse arts. 10, 11, 12, 14, 23, 24, 36 a 43, 50 a 66 LO 4/2000, de 11 enero, sobre derechos y libertades de los extranjeros en España y su integración social, el nuevo Reglamento de dicha Ley Orgánica, aprobado por RD 1155/2024, de 19 noviembre, con vigencia desde el 20 mayo 2025, que sustituye al anterior, aprobado por RD 557/2011, de 20 abril, O TAS/3698/2006, de 22 noviembre, O PRE/1282/2007, de 10 mayo, RD 240/2007, de 16 febrero y arts. 312 y 318 bis CP

[58] Véase art. 7 Ley 20/2007, de 11 julio, del Estatuto del trabajo autónomo

salvo prueba en contrario que acredite su naturaleza temporal o el carácter a tiempo parcial de los servicios. [59]

Cualquiera de las partes podrá exigir que el contrato se formalice por escrito, incluso durante el transcurso de la relación laboral. [60] [61]

3. El empresario está obligado a comunicar a la oficina pública de empleo, en el plazo de los diez días siguientes a su concertación y en los términos que reglamentariamente se determinen, el contenido de los contratos de trabajo que celebre o las prórrogas de los mismos, deban o no formalizarse por escrito. [62]

4. El empresario entregará a la representación legal de los trabajadores una copia básica de todos los contratos que deban celebrarse por escrito, a excepción de los contratos de relación laboral especial de alta dirección sobre los que se establece el deber de notificación a la representación legal de los trabajadores. [63]

Con el fin de comprobar la adecuación del contenido del contrato a la legalidad vigente, esta copia básica contendrá todos los datos del contrato a excepción del número del documento nacional de identidad o del número de identidad de extranjero, el domicilio, el estado civil, y cualquier otro que, de acuerdo con la Ley Orgánica 1/1982, de 5 de mayo, de protección civil del derecho al honor, a la intimidad personal y familiar y a la propia imagen, pudiera afectar a la intimidad personal. El tratamiento de la información facilitada estará sometido a los principios y garantías previstos en la normativa aplicable en materia de protección de datos.

---

[59] Véanse art. 6 RD 2720/1998, de 18 diciembre, RD 1131/2002, de 31 octubre, art.3 RD 1006/1985, de 26 junio, art. 4 RD 1382/1985, de 1 agosto, art. 3 RD 1435/1985, de 1 agosto, art. 2 RD 1438/1985, de 1 agosto y Ley 43/2006, de 29 diciembre, para la mejora del crecimiento y del empleo

[60] Véase art. 7.1 LISOS

[61] Dada nueva redacción apartado 2 por disposición final 2 de Real Decreto-Ley 24/2020 de 26 de junio de 2020, con vigencia desde 27/06/2020

[62] Véanse RD 1424/2002, de 27 diciembre, por el que se regula la comunicación del contenido de los contratos de trabajo y de sus copias básicas a los Servicios Públicos de Empleo, y el uso de medios telemáticos en relación con aquélla, y O TAS/770/2003, de 14 marzo, por la que se desarrolla el anterior

[63] Véanse art. 9 Ley 14/1994, de 1 junio, por la que se regulan las Empresas de Trabajo Temporal, art. 10 RD 2720/1998, de 18 diciembre, por el que se desarrolla el art. 15 ET en materia de contratos de duración determinada, y art. 15.4 de la presente Ley

La copia básica se entregará por el empresario, en plazo no superior a diez días desde la formalización del contrato, a los representantes legales de los trabajadores, quienes la firmarán a efectos de acreditar que se ha producido la entrega. [64]

Posteriormente, dicha copia básica se enviará a la oficina de empleo. Cuando no exista representación legal de los trabajadores también deberá formalizarse copia básica y remitirse a la oficina de empleo.

Los representantes de la Administración, así como los de las organizaciones sindicales y de las asociaciones empresariales, que tengan acceso a la copia básica de los contratos en virtud de su pertenencia a los órganos de participación institucional que reglamentariamente tengan tales facultades, observarán sigilo profesional, no pudiendo utilizar dicha documentación para fines distintos de los que motivaron su conocimiento.

5. Cuando la relación laboral sea de duración superior a cuatro semanas, el empresario deberá informar por escrito al trabajador, en los términos y plazos que se establezcan reglamentariamente, sobre los elementos esenciales del contrato y las principales condiciones de ejecución de la prestación laboral, siempre que tales elementos y condiciones no figuren en el contrato de trabajo formalizado por escrito. [65]

9. *Validez del contrato.* 1. Si resultase nula solo una parte del contrato de trabajo, este permanecerá válido en lo restante, y se entenderá completado con los preceptos jurídicos adecuados conforme a lo dispuesto en el artículo 3.1.

Si el trabajador tuviera asignadas condiciones o retribuciones especiales en virtud de contraprestaciones establecidas en la parte no válida del contrato, el órgano de la jurisdicción social que a instancia de parte declare la nulidad hará el debido pronunciamiento sobre la subsistencia o supresión en todo o en parte de dichas condiciones o retribuciones.

2. En caso de que el contrato resultase nulo, el trabajador podrá exigir, por el trabajo que ya hubiese prestado, la remuneración consiguiente a un contrato válido.

---

[64] Véanse art. 15.4 LISOS y art. 64.4 de la presente Ley

[65] Véanse art. 6.4 LISOS y RD 1659/1998, de 24 de julio, en materia de información al trabajador sobre los elementos esenciales del Contrato de Trabajo

3. En caso de nulidad por discriminación salarial por razón de sexo, el trabajador tendrá derecho a la retribución correspondiente al trabajo igual o de igual valor. [66]

Sección 4ª
Modalidades del contrato de trabajo

10. *Trabajo en común y contrato de grupo.* 1. Si el empresario diera un trabajo en común a un grupo de sus trabajadores, conservará respecto de cada uno, individualmente, sus derechos y deberes.

2. Si el empresario hubiese celebrado un contrato con un grupo de trabajadores considerado en su totalidad, no tendrá frente a cada uno de sus miembros los derechos y deberes que como tal le competen. El jefe del grupo ostentará la representación de los que lo integren, respondiendo de las obligaciones inherentes a dicha representación.

3. Si el trabajador, conforme a lo pactado por escrito, asociare a su trabajo un auxiliar o ayudante, el empresario de aquel lo será también de este.

11. *Contrato formativo.* [67] [68]

1. El contrato formativo tendrá por objeto la formación en alternancia con el trabajo retribuido por cuenta ajena en los términos establecidos en el apartado 2, o el desempeño de una actividad laboral destinada a adquirir una práctica profesional adecuada a los correspondientes niveles de estudios, en los términos establecidos en el apartado 3.

2. El contrato de formación en alternancia, que tendrá por objeto compatibilizar la actividad laboral retribuida con los correspondientes procesos formativos en el ámbito de la formación profesional, los estudios universitarios o del Catálogo de especialidades formativas del Sistema Nacional de Empleo, se realizará de acuerdo con las siguientes reglas:

---

[66] Añadido apartado 3 por art. 2 apartado 1 de Real Decreto-Ley 6/2019 de 1 de marzo de 2019, con vigencia desde 08/03/2019

[67] Dada nueva redacción por art. 1 apartado 1 de Real Decreto-Ley 32/2021 de 28 de diciembre de 2021, con vigencia desde 30/03/2022

[68] Téngase en cuenta la disp. trans. 1.ª RDL 32/2021 de 28 diciembre

a) Se podrá celebrar con personas que carezcan de la cualificación profesional reconocida por las titulaciones o certificados requeridos para concertar un contrato formativo para la obtención de práctica profesional regulada en el apartado 3.

Sin perjuicio de lo anterior, se podrán realizar contratos vinculados a estudios de formación profesional o universitaria con personas que posean otra titulación siempre que no haya tenido otro contrato formativo previo en una formación del mismo nivel formativo y del mismo sector productivo.

b) En el supuesto de que el contrato se suscriba en el marco de certificados de profesionalidad de nivel 1 y 2, y programas públicos o privados de formación en alternancia de empleo–formación, que formen parte del Catálogo de especialidades formativas del Sistema Nacional de Empleo, el contrato solo podrá ser concertado con personas de hasta treinta años.

c) La actividad desempeñada por la persona trabajadora en la empresa deberá estar directamente relacionada con las actividades formativas que justifican la contratación laboral, coordinándose e integrándose en un programa de formación común, elaborado en el marco de los acuerdos y convenios de cooperación suscritos por las autoridades laborales o educativas de formación profesional o Universidades con empresas y entidades colaboradoras.

d) La persona contratada contará con una persona tutora designada por el centro o entidad de formación y otra designada por la empresa. Esta última, que deberá contar con la formación o experiencia adecuadas para tales tareas, tendrá como función dar seguimiento al plan formativo individual en la empresa, según lo previsto en el acuerdo de cooperación concertado con el centro o entidad formativa. Dicho centro o entidad deberá, a su vez, garantizar la coordinación con la persona tutora en la empresa.

e) Los centros de formación profesional, las entidades formativas acreditadas o inscritas y los centros universitarios, en el marco de los acuerdos y convenios de cooperación, elaborarán, con la participación de la empresa, los planes formativos individuales donde se especifique el contenido de la formación, el calendario y las actividades y los requisitos de tutoría para el cumplimiento de sus objetivos.

f) Son parte sustancial de este contrato tanto la formación teórica dispensada por el centro o entidad de formación o la propia empresa, cuando así se establezca, como la correspondiente formación práctica dispensada por la empresa y el centro. Reglamentariamente se desarrollarán el sistema de impartición y las características de la formación, así como los aspectos relacionados con la financiación de la actividad formativa.

g) La duración del contrato será la prevista en el correspondiente plan o programa formativo, con un mínimo de tres meses y un máximo de dos años, y podrá desarrollarse al amparo de un solo contrato de forma no continuada, a lo largo de diversos periodos anuales coincidentes con los estudios, de estar previsto en el plan o programa formativo. En caso de que el contrato se hubiera concertado por una duración inferior a la máxima legal establecida y no se hubiera obtenido el título, certificado, acreditación o diploma asociado al contrato formativo, podrá prorrogarse mediante acuerdo de las partes, hasta la obtención de dicho título, certificado, acreditación o diploma sin superar nunca la duración máxima de dos años.

h) Solo podrá celebrarse un contrato de formación en alternancia por cada ciclo formativo de formación profesional y titulación universitaria, certificado de profesionalidad o itinerario de especialidades formativas del Catálogo de Especialidades Formativas del Sistema Nacional de Empleo.

No obstante, podrán formalizarse contratos de formación en alternancia con varias empresas en base al mismo ciclo, certificado de profesionalidad o itinerario de especialidades del Catálogo citado, siempre que dichos contratos respondan a distintas actividades vinculadas al ciclo, al plan o al programa formativo y sin que la duración máxima de todos los contratos pueda exceder el límite previsto en el apartado anterior.

i) El tiempo de trabajo efectivo, que habrá de ser compatible con el tiempo dedicado a las actividades formativas en el centro de formación, no podrá ser superior al 65 por ciento, durante el primer año, o al 85 por ciento, durante el segundo, de la jornada máxima prevista en el convenio colectivo de aplicación en la empresa, o, en su defecto, de la jornada máxima legal.

j) No se podrán celebrar contratos formativos en alternancia cuando la actividad o puesto de trabajo correspondiente al contrato haya sido desempeñado con anterioridad por la persona trabajadora en la misma empresa bajo cualquier modalidad por tiempo superior a seis meses.

k) Las personas contratadas con contrato de formación en alternancia no podrán realizar horas complementarias ni horas extraordinarias, salvo en el supuesto previsto en el artículo 35.3. Tampoco podrán realizar trabajos nocturnos ni trabajo a turnos.

Excepcionalmente, podrán realizarse actividades laborales en los citados periodos cuando las actividades formativas para la adquisición de los aprendizajes previstos en el plan formativo no puedan desarrollarse en otros periodos, debido a la naturaleza de la actividad.

l) No podrá establecerse periodo de prueba en estos contratos.

m) La retribución será la establecida para estos contratos en el convenio colectivo de aplicación. En defecto de previsión convencional, la retribución no podrá ser inferior al sesenta por ciento el primer año ni al setenta y cinco por ciento el segundo, respecto de la fijada en convenio para el grupo profesional y nivel retributivo correspondiente a las funciones desempeñadas, en proporción al tiempo de trabajo efectivo. En ningún caso la retribución podrá ser inferior al salario mínimo interprofesional en proporción al tiempo de trabajo efectivo.

3. El contrato formativo para la obtención de la práctica profesional adecuada al nivel de estudios se regirá por las siguientes reglas:

a) Podrá concertarse con quienes estuviesen en posesión de un título universitario o de un título de grado medio o superior, especialista, máster profesional o certificado del sistema de formación profesional, de acuerdo con lo previsto en la Ley Orgánica 5/2002, de 19 de junio, de las Cualificaciones y de la Formación Profesional, así como con quienes posean un título equivalente de enseñanzas artísticas o deportivas del sistema educativo, que habiliten o capaciten para el ejercicio de la actividad laboral. [69]

b) El contrato de trabajo para la obtención de práctica profesional deberá concertarse dentro de los tres años, o de los cinco años si se concierta con una persona con discapacidad, siguientes a la terminación de los correspondientes estudios [70]. No podrá suscribirse con quien ya haya obtenido experiencia profesional o realizado actividad formativa en la misma actividad dentro de la empresa por un tiempo superior a tres meses, sin que se computen a estos efectos los periodos de formación o prácticas que formen parte del currículo exigido para

---

[69] Véase RD 103/2019, de 1 marzo, por el que se aprueba el Estatuto del personal investigador predoctoral en formación

[70] Véanse párrafo 2° del art. 1.2 RD 488/1998, de 27 marzo, y RD 1414/2006, de 1 diciembre, por el que se determina la consideración de persona con discapacidad a los efectos de la Ley 51/2003, de 2 diciembre, de igualdad de oportunidades, no discriminación y accesibilidad universal de las personas con discapacidad

la obtención de la titulación o certificado que habilita esta contratación.

c) La duración de este contrato no podrá ser inferior a seis meses ni exceder de un año. Dentro de estos límites los convenios colectivos de ámbito sectorial estatal o autonómico, o en su defecto, los convenios colectivos sectoriales de ámbito inferior podrán determinar su duración, atendiendo a las características del sector y de las prácticas profesionales a realizar.

d) Ninguna persona podrá ser contratada en la misma o distinta empresa por tiempo superior a los máximos previstos en el apartado anterior en virtud de la misma titulación o certificado profesional. Tampoco se podrá estar contratado en formación en la misma empresa para el mismo puesto de trabajo por tiempo superior a los máximos previstos en el apartado anterior, aunque se trate de distinta titulación o distinto certificado.

A los efectos de este artículo, los títulos de grado, máster y doctorado correspondientes a los estudios universitarios no se considerarán la misma titulación, salvo que al ser contratado por primera vez mediante un contrato para la realización de práctica profesional la persona trabajadora estuviera ya en posesión del título superior de que se trate.

e) Se podrá establecer un periodo de prueba que en ningún caso podrá exceder de un mes, salvo lo dispuesto en convenio colectivo.

f) El puesto de trabajo deberá permitir la obtención de la práctica profesional adecuada al nivel de estudios o de formación objeto del contrato. La empresa elaborará el plan formativo individual en el que se especifique el contenido de la práctica profesional, y asignará tutor o tutora que cuente con la formación o experiencia adecuadas para el seguimiento del plan y el correcto cumplimiento del objeto del contrato.

g) A la finalización del contrato la persona trabajadora tendrá derecho a la certificación del contenido de la práctica realizada. [71]

h) Las personas contratadas con contrato de formación para la obtención de práctica profesional no podrán realizar horas extraordinarias, salvo en el supuesto previsto en el artículo 35.3.

i) La retribución por el tiempo de trabajo efectivo será la fijada en el convenio colectivo aplicable en la empresa para estos contratos o en

---

[71] Véanse RD 659/2023, de 18 julio, RD 69/2025, de 4 febrero, RD 229/2008, de 15 febrero, RD 694/2017, de 3 julio, O TAS/2307/2007, de 27 julio y O TMS/368/2019, de 28 marzo, por la que se desarrolla el RD 694/2017, de 3 julio

su defecto la del grupo profesional y nivel retributivo correspondiente a las funciones desempeñadas. En ningún caso la retribución podrá ser inferior a la retribución mínima establecida para el contrato para la formación en alternancia ni al salario mínimo interprofesional en proporción al tiempo de trabajo efectivo.

j) Reglamentariamente se desarrollará el alcance de la formación correspondiente al contrato de formación para la obtención de prácticas profesionales, particularmente, en el caso de acciones formativas específicas dirigidas a la digitalización, la innovación o la sostenibilidad, incluyendo la posibilidad de microacreditaciones de los sistemas de formación profesional o universitaria.

4. Son normas comunes del contrato formativo las siguientes:

a) La acción protectora de la Seguridad Social de las personas que suscriban un contrato formativo comprenderá todas las contingencias protegibles y prestaciones, incluido el desempleo y la cobertura del Fondo de Garantía Salarial. [72]

b) Las situaciones de incapacidad temporal, nacimiento, adopción, guarda con fines de adopción, acogimiento, riesgo durante el embarazo, riesgo durante la lactancia, violencia de género, interrumpirán el cómputo de la duración del contrato. [73]

c) El contrato, que deberá formalizarse por escrito de conformidad con lo establecido en el artículo 8, incluirá obligatoriamente el texto del plan formativo individual al que se refieren los apartados 2. b), c), d), e), g), h) y k) y 3.e) y f), en el que se especifiquen el contenido de las prácticas o la formación y las actividades de tutoría para el cumplimiento de sus objetivos. Igualmente, incorporará el texto de los acuerdos y convenios a los que se refiere el apartado 2.e).

d) Los límites de edad y en la duración máxima del contrato formativo no serán de aplicación cuando se concierte con personas con discapacidad o con los colectivos en situación de exclusión social previstos en el artículo 2 de la Ley 44/2007, de 13 de diciembre, para

---

[72] Véanse arts. 26 y 27 RD 1529/2012 de 8 noviembre, por el que se desarrolla el contrato para la formación y el aprendizaje y se establecen las bases de la formación profesional dual, RD 2064/1995, de 22 diciembre, por el que se aprueba el Reglamento general sobre Cotización y Liquidación de otros Derechos de la Seguridad Social y O PJC/178/2025, de 25 febrero, por la que se desarrollan las normas legales de cotización a la Seguridad Social, desempleo, protección por cese de actividad, Fondo de Garantía Salarial y formación profesional para el ejercicio 2025

[73] Dada nueva redacción apartado 4 letra b por disposición final 14 apartado 2 de Ley 4/2023 de 28 de febrero de 2023, con vigencia desde 02/03/2023

la regulación del régimen de las empresas de inserción, en los casos en que sean contratados por parte de empresas de inserción que estén cualificadas y activas en el registro administrativo correspondiente. Reglamentariamente se establecerán dichos límites para adecuarlos a los estudios, al plan o programa formativo y al grado de discapacidad y características de estas personas.

e) Mediante convenio colectivo de ámbito sectorial estatal, autonómico o, en su defecto, en los convenios colectivos sectoriales de ámbito inferior, se podrán determinar los puestos de trabajo, actividades, niveles o grupos profesionales que podrán desempeñarse por medio de contrato formativo.

f) Las empresas que estén aplicando algunas de las medidas de flexibilidad interna reguladas en los artículos 47 y 47 bis podrán concertar contratos formativos siempre que las personas contratadas bajo esta modalidad no sustituyan funciones o tareas realizadas habitualmente por las personas afectadas por las medidas de suspensión o reducción de jornada.

g) Si al término del contrato la persona continuase en la empresa, no podrá concertarse un nuevo periodo de prueba, computándose la duración del contrato formativo a efectos de antigüedad en la empresa.

h) Los contratos formativos celebrados en fraude de ley o aquellos respecto de los cuales la empresa incumpla sus obligaciones formativas se entenderán concertados como contratos indefinidos de carácter ordinario.

i) Reglamentariamente se establecerán, previa consulta con las administraciones competentes en la formación objeto de realización mediante contratos formativos, los requisitos que deben cumplirse para la celebración de los mismos, tales como el número de contratos por tamaño de centro de trabajo, las personas en formación por tutor o tutora, o las exigencias en relación con la estabilidad de la plantilla.

5. La empresa pondrá en conocimiento de la representación legal de las personas trabajadoras los acuerdos de cooperación educativa o formativa que contemplen la contratación formativa, incluyendo la información relativa a los planes o programas formativos individuales, así como a los requisitos y las condiciones en las que se desarrollará la actividad de tutorización.

Asimismo, en el supuesto de diversos contratos vinculados a un único ciclo, certificado o itinerario en los términos referidos en el apartado 2.h), la empresa deberá trasladar a la representación legal de las personas trabajadoras toda la información de la que disponga al respecto de dichas contrataciones.

6. En la negociación colectiva se fijarán criterios y procedimientos tendentes a conseguir una presencia equilibrada de hombres y mujeres vinculados a la empresa mediante contratos formativos. Asimismo, podrán establecerse compromisos de conversión de los contratos formativos en contratos por tiempo indefinido.

7. Las empresas que pretendan suscribir contratos formativos, podrán solicitar por escrito al servicio público de empleo competente, información relativa a si las personas a las que pretenden contratar han estado previamente contratadas bajo dicha modalidad y la duración de estas contrataciones. Dicha información deberá ser trasladada a la representación legal de las personas trabajadoras y tendrá valor liberatorio a efectos de no exceder la duración máxima de este contrato.

12. *Contrato a tiempo parcial y contrato de relevo.* 1. El contrato de trabajo se entenderá celebrado a tiempo parcial cuando se haya acordado la prestación de servicios durante un número de horas al día, a la semana, al mes o al año, inferior a la jornada de trabajo de un trabajador a tiempo completo comparable. [74]

A efectos de lo dispuesto en el párrafo anterior, se entenderá por «trabajador a tiempo completo comparable» a un trabajador a tiempo completo de la misma empresa y centro de trabajo, con el mismo tipo de contrato de trabajo y que realice un trabajo idéntico o similar. Si en la empresa no hubiera ningún trabajador comparable a tiempo completo, se considerará la jornada a tiempo completo prevista en el convenio colectivo de aplicación o, en su defecto, la jornada máxima legal. [75]

2. El contrato a tiempo parcial podrá concertarse por tiempo indefinido o por duración determinada en los supuestos en los que

[74] Véanse arts. 18 a 20 RD 2317/1993, de 29 diciembre, por el que se desarrollan los Contratos en Prácticas y de Aprendizaje y los Contratos a Tiempo Parcial y disp. trans. 1ª y 2ª RDL 15/1998, de 27 noviembre, de medidas urgentes para la mejora del mercado de trabajo en relación con el Trabajo a Tiempo Parcial y el fomento de su estabilidad

[75] Véanse arts. 148.4, 245 a 248 y 270 LGSS, aprobada por RDL 8/2015

legalmente se permita la utilización de esta modalidad de contratación [76] . [77]

Apartado 3 (Derogado) [78]

4. El contrato a tiempo parcial se regirá por las siguientes reglas:

a) El contrato, conforme a lo dispuesto en el artículo 8.2, se deberá formalizar necesariamente por escrito. En el contrato deberá figurar el número de horas ordinarias de trabajo al día, a la semana, al mes o al año contratadas, así como el modo de su distribución según lo previsto en convenio colectivo. [79]

De no observarse estas exigencias, el contrato se presumirá celebrado a jornada completa, salvo prueba en contrario que acredite el carácter parcial de los servicios. [80]

b) Cuando el contrato a tiempo parcial conlleve la ejecución de una jornada diaria inferior a la de los trabajadores a tiempo completo y esta se realice de forma partida, solo será posible efectuar una única interrupción en dicha jornada diaria, salvo que se disponga otra cosa mediante convenio colectivo. [81]

c) Los trabajadores a tiempo parcial no podrán realizar horas extraordinarias, salvo en los supuestos a los que se refiere el artículo 35.3.

La realización de horas complementarias se regirá por lo dispuesto en el apartado 5.

En todo caso, la suma de las horas ordinarias y complementarias, incluidas las previamente pactadas y las voluntarias, no podrá exceder del límite legal del trabajo a tiempo parcial definido en el apartado 1.

A estos efectos, la jornada de los trabajadores a tiempo parcial se registrará día a día y se totalizará mensualmente, entregando copia al trabajador, junto con el recibo de salarios, del resumen de todas

---

[76] Véase Dir. 97/81/CE del Consejo, de 15 diciembre 1997, relativa al acuerdo marco sobre el trabajo a tiempo parcial concluido por la UNICE, el CEE y la CES

[77] Dada nueva redacción apartado 2 por art. 1 apartado 2 de Real Decreto-Ley 32/2021 de 28 de diciembre de 2021, con vigencia desde 31/12/2021

[78] Derogado apartado 3 por disposición derogatoria única apartado 2 de Real Decreto-Ley 32/2021 de 28 de diciembre de 2021, con vigencia desde 30/03/2022

[79] Véase disp. final 1ª.2 RDL 15/1998, de 27 noviembre, de medidas urgentes para la mejora del mercado de trabajo en relación con el Trabajo a Tiempo Parcial y el fomento de su estabilidad

[80] Véase art. 9.1 RD 2720/1998, de 18 diciembre, por el que se desarrolla el art. 15 ET en materia de contratos de duración determinada

[81] Véase art. 6.5 LISOS

las horas realizadas en cada mes, tanto las ordinarias como las complementarias a que se refiere el apartado 5.

El empresario deberá conservar los resúmenes mensuales de los registros de jornada durante un periodo mínimo de cuatro años.

En caso de incumplimiento de las referidas obligaciones de registro, el contrato se presumirá celebrado a jornada completa, salvo prueba en contrario que acredite el carácter parcial de los servicios.

d) Las personas trabajadoras a tiempo parcial tendrán los mismos derechos que los trabajadores a tiempo completo. Cuando corresponda en atención a su naturaleza, tales derechos serán reconocidos en las disposiciones legales y reglamentarias y en los convenios colectivos de manera proporcional, en función del tiempo trabajado, debiendo garantizarse en todo caso la ausencia de discriminación, tanto directa como indirecta, entre mujeres y hombres. [82]

e) La conversión de un trabajo a tiempo completo en un trabajo parcial y viceversa tendrá siempre carácter voluntario para el trabajador y no se podrá imponer de forma unilateral o como consecuencia de una modificación sustancial de condiciones de trabajo al amparo de lo dispuesto en el artículo 41.1.a). El trabajador no podrá ser despedido ni sufrir ningún otro tipo de sanción o efecto perjudicial por el hecho de rechazar esta conversión, sin perjuicio de las medidas que, de conformidad con lo dispuesto en los artículos 51 y 52.c), puedan adoptarse por causas económicas, técnicas, organizativas o de producción.

A fin de posibilitar la movilidad voluntaria en el trabajo a tiempo parcial, el empresario deberá informar a los trabajadores de la empresa sobre la existencia de puestos de trabajo vacantes, de manera que aquellos puedan formular solicitudes de conversión voluntaria de un trabajo a tiempo completo en un trabajo a tiempo parcial y viceversa, o para el incremento del tiempo de trabajo de los trabajadores a tiempo parcial, todo ello de conformidad con los procedimientos que se establezcan en convenio colectivo.

Con carácter general, las solicitudes a que se refiere el párrafo anterior deberán ser tomadas en consideración, en la medida de lo posible, por el empresario. La denegación de la solicitud deberá ser notificada por el empresario al trabajador por escrito y de manera motivada.

---

[82] Dada nueva redacción apartado 4 apartado d por art. 2 apartado 4 de Real Decreto-Ley 6/2019 de 1 de marzo de 2019, con vigencia desde 08/03/2019

f) Los convenios colectivos establecerán medidas para facilitar el acceso efectivo de los trabajadores a tiempo parcial a la formación profesional continua, a fin de favorecer su progresión y movilidad profesionales.

5. Se consideran horas complementarias las realizadas como adición a las horas ordinarias pactadas en el contrato a tiempo parcial, conforme a las siguientes reglas:

a) El empresario solo podrá exigir la realización de horas complementarias cuando así lo hubiera pactado expresamente con el trabajador. El pacto sobre horas complementarias podrá acordarse en el momento de la celebración del contrato a tiempo parcial o con posterioridad al mismo, pero constituirá, en todo caso, un pacto específico respecto al contrato. El pacto se formalizará necesariamente por escrito.

b) Solo se podrá formalizar un pacto de horas complementarias en el caso de contratos a tiempo parcial con una jornada de trabajo no inferior a diez horas semanales en cómputo anual.

c) El pacto de horas complementarias deberá recoger el número de horas complementarias cuya realización podrá ser requerida por el empresario.

El número de horas complementarias pactadas no podrá exceder del treinta por ciento de las horas ordinarias de trabajo objeto del contrato. Los convenios colectivos podrán establecer otro porcentaje máximo, que, en ningún caso, podrá ser inferior al citado treinta por ciento ni exceder del sesenta por ciento de las horas ordinarias contratadas.

d) El trabajador deberá conocer el día y la hora de realización de las horas complementarias pactadas con un preaviso mínimo de tres días, salvo que el convenio establezca un plazo de preaviso inferior.

e) El pacto de horas complementarias podrá quedar sin efecto por renuncia del trabajador, mediante un preaviso de quince días, una vez cumplido un año desde su celebración, cuando concurra alguna de las siguientes circunstancias:

1.ª La atención de las responsabilidades familiares enunciadas en el artículo 37.6.

2.ª Necesidades formativas, siempre que se acredite la incompatibilidad horaria.

3.ª Incompatibilidad con otro contrato a tiempo parcial.

f) El pacto de horas complementarias y las condiciones de realización de las mismas estarán sujetos a las reglas previstas en las letras anteriores. En caso de incumplimiento de tales reglas, la negativa del trabajador a la realización de las horas complementarias, pese a haber sido pactadas, no constituirá conducta laboral sancionable.

g) Sin perjuicio del pacto de horas complementarias, en los contratos a tiempo parcial de duración indefinida con una jornada de trabajo no inferior a diez horas semanales en cómputo anual, el empresario podrá, en cualquier momento, ofrecer al trabajador la realización de horas complementarias de aceptación voluntaria, cuyo número no podrá superar el quince por ciento, ampliables al treinta por ciento por convenio colectivo, de las horas ordinarias objeto del contrato. La negativa del trabajador a la realización de estas horas no constituirá conducta laboral sancionable.

Estas horas complementarias no se computarán a efectos de los porcentajes de horas complementarias pactadas que se establecen en la letra c).

h) La realización de horas complementarias habrá de respetar, en todo caso, los límites en materia de jornada y descansos establecidos en los artículos 34.3 y 4; 36.1 y 37.1.

i) Las horas complementarias efectivamente realizadas se retribuirán como ordinarias, computándose a efectos de bases de cotización a la Seguridad Social y periodos de carencia y bases reguladoras de las prestaciones. A tal efecto, el número y retribución de las horas complementarias realizadas se deberá recoger en el recibo individual de salarios y en los documentos de cotización a la Seguridad Social.

6. Para que el trabajador pueda acceder a la jubilación parcial antes de alcanzar la edad ordinaria de jubilación, en los términos establecidos en el texto refundido de la Ley General de la Seguridad Social y demás disposiciones concordantes, la empresa deberá concertar simultáneamente un contrato de relevo indefinido y a tiempo completo [83].

El contrato de relevo deberá mantenerse vigente desde la fecha de efectos de la jubilación parcial hasta, al menos, los dos años posteriores a la extinción de la jubilación parcial. En el supuesto de que el contrato se extinga antes de dicho plazo, el empresario estará obligado a celebrar un nuevo contrato de relevo en los mismos términos del extinguido. En caso de incumplimiento por parte del empresario de la

---

[83] Téngase en cuenta lo dispuesto en los arts. 1 a 9 y disp. adic. 1ª RD 1131/2002, de 31 octubre, por el que se regula la Seguridad Social de los trabajadores contratados a tiempo parcial, así como la jubilación parcial

presente obligación será responsable del reintegro de la pensión que haya percibido el pensionista a tiempo parcial.

El contrato de relevo se celebrará con un trabajador en situación de desempleo o que tuviese concertado con la empresa un contrato de duración determinada. También podrá celebrarse un contrato fijo-discontinuo en los términos que se establezca reglamentariamente.

El puesto de trabajo del trabajador relevista podrá ser el mismo o diferente al del trabajador sustituido. En todo caso, deberá existir una correspondencia entre las bases de cotización de ambos, en los términos previstos en el texto refundido de la Ley General de la Seguridad Social.

La compatibilidad efectiva entre trabajo y pensión permitirá la acumulación del tiempo de trabajo en periodos de días en la semana, semanas en el mes, meses en el año u otros periodos de tiempo, de conformidad con lo dispuesto en pacto individual o, en su caso, en la negociación colectiva, en todas sus expresiones, incluido el acuerdo de centro de trabajo, sin que en ningún ámbito se pueda limitar o impedir su uso. [84]

7. Cuando el trabajador acceda a la jubilación parcial una vez alcanzada la edad ordinaria de jubilación, en los términos establecidos en el texto refundido de la Ley General de la Seguridad Social y demás disposiciones concordantes, se podrá celebrar un contrato de relevo, cuya jornada como mínimo será la dejada vacante por el jubilado parcial [85].

Dicho contrato de relevo podrá ser por tiempo indefinido o de duración determinada. En este último supuesto su duración será coincidente con el tiempo en que se mantenga la jubilación parcial y, en todo caso, con un mínimo de un año.

El contrato de relevo se celebrará con un trabajador en situación de desempleo o que tuviese concertado con la empresa un contrato de duración determinada.

El puesto de trabajo del trabajador relevista podrá ser el mismo o diferente del trabajador sustituido.

---

[84] Dada nueva redacción apartado 6 por art. 2 de Real Decreto-Ley 11/2024 de 23 de diciembre de 2024, con vigencia desde 01/04/2025

[85] Véase disp. adic. 2ª RD 1131/2002, de 31 octubre, por el que se regula la Seguridad Social de los trabajadores contratados a tiempo parcial, así como la jubilación parcial

La compatibilidad efectiva entre trabajo y pensión permitirá la acumulación del tiempo de trabajo en periodos de días en la semana, semanas en el mes, meses en el año u otros periodos de tiempo, de conformidad con lo dispuesto en pacto individual o, en su caso, en la negociación colectiva, en todas sus expresiones, incluido el acuerdo de centro de trabajo, sin que en ningún ámbito se pueda limitar o impedir su uso. [86]

8. La ejecución del contrato a tiempo parcial y retribución del jubilado parcial serán compatibles con la pensión que la Seguridad Social reconozca al trabajador en concepto de jubilación parcial [87].

El horario de trabajo del trabajador relevista podrá completar el del trabajador sustituido o simultanearse con él.

En la negociación colectiva se podrán establecer medidas para impulsar la celebración de contratos de relevo. [88]

13. *Trabajo a distancia.* [89] Las personas trabajadoras podrán prestar trabajo a distancia en los términos previstos en la Ley 10/2021 de trabajo a distancia.

---

[86] Dada nueva redacción apartado 7 por art. 2 de Real Decreto-Ley 11/2024 de 23 de diciembre de 2024, con vigencia desde 01/04/2025

[87] Véanse arts. 213.1 y 215 LGSS, aprobada por RDLeg. 8/2015 y RD 1132/2002, de 31 octubre, de desarrollo de determinados preceptos de la Ley 35/2002, de 12 julio, de medidas para el establecimiento de un sistema de jubilación gradual y flexible

[88] Añadido apartado 8 por art. 2 de Real Decreto-Ley 11/2024 de 23 de diciembre de 2024, con vigencia desde 01/04/2025

[89] Dada nueva redacción por disposición final 3 apartado 1 de Ley 10/2021 de 9 de julio de 2021, con vigencia desde 11/07/2021

CAPÍTULO II
Contenido del contrato de trabajo

Sección 1ª
Duración del contrato

14. *Periodo de prueba.* 1. Podrá concertarse por escrito un periodo de prueba, con sujeción a los límites de duración que, en su caso, se establezcan en los convenios colectivos. En defecto de pacto en convenio, la duración del periodo de prueba no podrá exceder de seis meses para los técnicos titulados, ni de dos meses para los demás trabajadores. En las empresas de menos de veinticinco trabajadores el periodo de prueba no podrá exceder de tres meses para los trabajadores que no sean técnicos titulados. [90]

En el supuesto de los contratos temporales de duración determinada del artículo 15 concertados por tiempo no superior a seis meses, el periodo de prueba no podrá exceder de un mes, salvo que se disponga otra cosa en convenio colectivo.

El empresario y el trabajador están, respectivamente, obligados a realizar las experiencias que constituyan el objeto de la prueba. [91]

Será nulo el pacto que establezca un periodo de prueba cuando el trabajador haya ya desempeñado las mismas funciones con anterioridad en la empresa, bajo cualquier modalidad de contratación. [92]

2. Durante el periodo de prueba, la persona trabajadora tendrá los derechos y obligaciones correspondientes al puesto de trabajo que desempeñe como si fuera de plantilla, excepto los derivados de la

---

[90] Véanse art. 18 RD 488/1998, de 27 marzo, por el que se desarrolla el art. 11 ET en materia de Contratos Formativos, art. 5 RD 1382/1985, de 1 agosto, por el que se regula la Relación Laboral de carácter Especial del personal de Alta Dirección, art. 5 RD 1620/2011, de 14 de noviembre, por el que se regula la relación laboral de carácter especial del servicio del hogar familiar, art. 5 RD 1006/1985, de 26 junio, por el que se regula la Relación Laboral Especial de los Deportistas Profesionales, art. 4 RD 1435/1985, de 1 agosto, por el que se regula la Relación Laboral Especial de los Artistas en Espectáculos Públicos y art. 8.2 RD 1331/2006, de 17 noviembre, por el que se regula la relación laboral de carácter especial de los abogados que prestan servicios en despachos de abogados, individuales o colectivos

[91] Véase art. 52 a) de la presente Ley

[92] Téngase en cuenta lo dispuesto en el art. 13.3 Ley 44/2007, de 13 diciembre, para la regulación del régimen de las empresas de inserción

resolución de la relación laboral, que podrá producirse a instancia de cualquiera de las partes durante su transcurso.

La resolución a instancia empresarial será nula en el caso de las trabajadoras por razón de embarazo, desde la fecha de inicio del embarazo hasta el comienzo del período de suspensión a que se refiere el artículo 48.4, o maternidad, salvo que concurran motivos no relacionados con el embarazo o maternidad. [93]

3. Transcurrido el periodo de prueba sin que se haya producido el desistimiento, el contrato producirá plenos efectos, computándose el tiempo de los servicios prestados en la antigüedad de la persona trabajadora en la empresa.

Las situaciones de incapacidad temporal, nacimiento, adopción, guarda con fines de adopción, acogimiento, riesgo durante el embarazo, riesgo durante la lactancia, violencia de género, que afecten a la persona trabajadora durante el periodo de prueba, interrumpen el cómputo del mismo siempre que se produzca acuerdo entre ambas partes. [94] [95]

15. *Duración del contrato de trabajo.* [96] [97]

1. El contrato de trabajo se presume concertado por tiempo indefinido. [98]

El contrato de trabajo de duración determinada solo podrá celebrarse por circunstancias de la producción o por sustitución de persona trabajadora. [99]

---

[93] Dada nueva redacción apartado 2 por art. 2 apartado 5 de Real Decreto-Ley 6/2019 de 1 de marzo de 2019, con vigencia desde 08/03/2019

[94] Téngase en cuenta lo dispuesto en los arts. 169, 170.2 y 177 LGSS, aprobada por RDLeg. 8/2015

[95] Dada nueva redacción apartado 3 por disposición final 14 apartado 3 de Ley 4/2023 de 28 de febrero de 2023, con vigencia desde 02/03/2023

[96] Dada nueva redacción por art. 1 apartado 3 de Real Decreto-Ley 32/2021 de 28 de diciembre de 2021, con vigencia desde 30/03/2022

[97] Ténganse en cuenta las disp. trans. 3.ª y 4.ª RDL 32/2021 de 28 diciembre

[98] Véase art. 11.1 RDLeg. 5/2015, de 30 de octubre, texto refundido de la Ley del Estatuto Básico del Empleado Público

[99] Véanse art. 6.2 Ley 14/1994, de 1 junio, por la que se regulan las Empresas de Trabajo Temporal y art. 12 Ley 44/2007, de 13 diciembre, para la regulación del régimen de las empresas de inserción

Para que se entienda que concurre causa justificada de temporalidad será necesario que se especifiquen con precisión en el contrato la causa habilitante de la contratación temporal, las circunstancias concretas que la justifican y su conexión con la duración prevista.

2. A efectos de lo previsto en este artículo, se entenderá por circunstancias de la producción el incremento ocasional e imprevisible de la actividad y las oscilaciones, que, aun tratándose de la actividad normal de la empresa, generan un desajuste temporal entre el empleo estable disponible y el que se requiere, siempre que no respondan a los supuestos incluidos en el artículo 16.1.

Entre las oscilaciones a que se refiere el párrafo anterior se entenderán incluidas aquellas que derivan de las vacaciones anuales.

Cuando el contrato de duración determinada obedezca a estas circunstancias de la producción, su duración no podrá ser superior a seis meses. Por convenio colectivo de ámbito sectorial se podrá ampliar la duración máxima del contrato hasta un año.

En caso de que el contrato se hubiera concertado por una duración inferior a la máxima legal o convencionalmente establecida, podrá prorrogarse, mediante acuerdo de las partes, por una única vez, sin que la duración total del contrato pueda exceder de dicha duración máxima.

Igualmente, las empresas podrán formalizar contratos por circunstancias de la producción para atender situaciones ocasionales, previsibles y que tengan una duración reducida y delimitada en los términos previstos en este párrafo, incluidas las campañas agrarias y agroalimentarias. Las empresas solo podrán utilizar este contrato un máximo de noventa días en el año natural, a excepción de las empresas del sector agrario y agroalimentario que podrán utilizar un total de 120 días en el año natural, independientemente de las personas trabajadoras que sean necesarias para atender en cada uno de dichos días las concretas situaciones, que deberán estar debidamente identificadas en el contrato.

Estos noventa días, o ciento veinte días en los supuestos de las explotaciones y empresas del sector agroalimentario, no podrán ser utilizados de manera continuada. Las empresas, en el último trimestre de cada año, deberán trasladar a la representación legal de las personas trabajadoras una previsión anual de uso de estos contratos.

Constituye causa para la celebración de este contrato en el sector agrícola, ganadero y forestal y la industria asociada a estos sectores, la cobertura de una o varias campañas de corta duración, con el límite anual de 120 jornadas reales.

No podrá identificarse como causa de este contrato la realización de los trabajos en el marco de contratas, subcontratas o concesiones administrativas que constituyan la actividad habitual u ordinaria de la empresa, sin perjuicio de su celebración cuando concurran las circunstancias de la producción en los términos anteriores. [100]

3. Podrán celebrarse contratos de duración determinada para la sustitución de una persona trabajadora con derecho a reserva de puesto de trabajo, siempre que se especifique en el contrato el nombre de la persona sustituida y la causa de la sustitución. En tal supuesto, la prestación de servicios podrá iniciarse antes de que se produzca la ausencia de la persona sustituida, coincidiendo en el desarrollo de las funciones el tiempo imprescindible para garantizar el desempeño adecuado del puesto y, como máximo, durante quince días. [101]

Asimismo, el contrato de sustitución podrá concertarse para completar la jornada reducida por otra persona trabajadora, cuando dicha reducción se ampare en causas legalmente establecidas o reguladas en el convenio colectivo y se especifique en el contrato el nombre de la persona sustituida y la causa de la sustitución.

El contrato de sustitución podrá ser también celebrado para la cobertura temporal de un puesto de trabajo durante el proceso de selección o promoción para su cobertura definitiva mediante contrato fijo, sin que su duración pueda ser en este caso superior a tres meses, o el plazo inferior recogido en convenio colectivo, ni pueda celebrarse un nuevo contrato con el mismo objeto una vez superada dicha duración máxima.

4. Las personas contratadas incumpliendo lo establecido en este artículo adquirirán la condición de fijas. [102]

---

[100] Dada nueva redacción apartado 2 por disposición final 11 de Ley 1/2025 de 1 de abril de 2025, con vigencia desde 02/01/2025

[101] Véanse disp. adic. 9ª Ley 45/2002, de 12 diciembre, de medidas urgentes para la reforma del sistema de protección por desempleo y mejora de la ocupabilidad, disp. adic. 2ª Ley 12/2001, de 9 julio, de medidas urgentes de reforma del mercado de trabajo para el incremento del empleo y la mejora de su calidad, art. 151 LGSS, aprobada por RDLeg. 8/2015 y art. 21.3 LO 1/2004, de 28 diciembre, de Medidas de Protección Integral contra la Violencia de Género

[102] Véanse art. 7 Ley 14/1994, de 1 junio, por la que se regulan las Empresas de Trabajo Temporal y art. 7.2 LISOS

También adquirirán la condición de fijas las personas trabajadoras temporales que no hubieran sido dadas de alta en la Seguridad Social una vez transcurrido un plazo igual al que legalmente se hubiera podido fijar para el periodo de prueba. [103]

5. Sin perjuicio de lo anterior, las personas trabajadoras que en un periodo de veinticuatro meses hubieran estado contratadas durante un plazo superior a dieciocho meses, con o sin solución de continuidad, para el mismo o diferente puesto de trabajo con la misma empresa o grupo de empresas, mediante dos o más contratos por circunstancias de la producción, sea directamente o a través de su puesta a disposición por empresas de trabajo temporal, adquirirán la condición de personas trabajadoras fijas. Esta previsión también será de aplicación cuando se produzcan supuestos de sucesión o subrogación empresarial conforme a lo dispuesto legal o convencionalmente. [104]

Asimismo, adquirirá la condición de fija la persona que ocupe un puesto de trabajo que haya estado ocupado con o sin solución de continuidad, durante más de dieciocho meses en un periodo de veinticuatro meses mediante contratos por circunstancias de la producción, incluidos los contratos de puesta a disposición realizados con empresas de trabajo temporal [105].

6. Las personas con contratos temporales y de duración determinada tendrán los mismos derechos que las personas con contratos de duración indefinida, sin perjuicio de las particularidades específicas de cada una de las modalidades contractuales en materia de extinción del contrato y de aquellas expresamente previstas en la ley en relación con los contratos formativos. Cuando corresponda en atención a su naturaleza, tales derechos serán reconocidos en las disposiciones legales y reglamentarias y en los convenios colectivos de manera proporcional, en función del tiempo trabajado.

Cuando un determinado derecho o condición de trabajo esté atribuido en las disposiciones legales o reglamentarias y en los convenios colectivos en función de una previa antigüedad de la persona trabajadora, esta deberá computarse según los mismos criterios para todas

---

[103] Véanse arts. 139 y 144 LGSS, aprobada por RDLeg. 8/2015, arts. 7.2 y 22.2 LISOS, y art. 311 CP

[104] Véanse art. 147 LRJS y disp. adic. 15 de la presente Ley

[105] Véase la disp. trans. 5.ª RDL 32/2021 de 28 diciembre

las personas trabajadoras, cualquiera que sea su modalidad de contratación.

7. La empresa deberá informar a las personas con contratos de duración determinada o temporales, incluidos los contratos formativos, sobre la existencia de puestos de trabajo vacantes, a fin de garantizarles las mismas oportunidades de acceder a puestos permanentes que las demás personas trabajadoras. Esta información podrá facilitarse mediante un anuncio público en un lugar adecuado de la empresa o centro de trabajo, o mediante otros medios previstos en la negociación colectiva, que aseguren la transmisión de la información. [106]

Dicha información será trasladada, además, a la representación legal de las personas trabajadoras.

Las empresas habrán de notificar, asimismo a la representación legal de las personas trabajadoras los contratos realizados de acuerdo con las modalidades de contratación por tiempo determinado previstas en este artículo, cuando no exista obligación legal de entregar copia básica de los mismos. [107]

8. Los convenios colectivos podrán establecer planes de reducción de la temporalidad, así como fijar criterios generales relativos a la adecuada relación entre el volumen de la contratación de carácter temporal y la plantilla total de la empresa, criterios objetivos de conversión de los contratos de duración determinada o temporales en indefinidos, así como fijar porcentajes máximos de temporalidad y las consecuencias derivadas del incumplimiento de los mismos.

Asimismo, los convenios colectivos podrán establecer criterios de preferencia entre las personas con contratos de duración determinada o temporales, incluidas las personas puestas a disposición.

Los convenios colectivos establecerán medidas para facilitar el acceso efectivo de estas personas trabajadoras a las acciones incluidas en el sistema de formación profesional para el empleo, a fin de mejorar su cualificación y favorecer su progresión y movilidad profesionales.

9. En los supuestos previstos en los apartados 4 y 5, la empresa deberá facilitar por escrito a la persona trabajadora, en los diez días siguientes al cumplimiento de los plazos indicados, un documento justificativo sobre su nueva condición de persona trabajadora fija de la

---

[106] Téngase en cuenta lo dispuesto en el art. 6.5 LISOS
[107] Véanse art. 15.4 LISOS y arts. 8.3 y 64.1.1 de la presente Ley

empresa, debiendo informar a la representación legal de los trabajadores sobre dicha circunstancia.

En todo caso, la persona trabajadora podrá solicitar, por escrito al servicio público de empleo correspondiente un certificado de los contratos de duración determinada o temporales celebrados, a los efectos de poder acreditar su condición de persona trabajadora fija en la empresa.

El Servicio Público de Empleo emitirá dicho documento y lo pondrá en conocimiento de la empresa en la que la persona trabajadora preste sus servicios y de la Inspección de Trabajo y Seguridad Social, si advirtiera que se han sobrepasado los límites máximos temporales establecidos.

16. *Contrato fijo-discontinuo.* [108] 1. El contrato por tiempo indefinido fijo-discontinuo se concertará para la realización de trabajos de naturaleza estacional o vinculados a actividades productivas de temporada, o para el desarrollo de aquellos que no tengan dicha naturaleza pero que, siendo de prestación intermitente, tengan periodos de ejecución ciertos, determinados o indeterminados.

El contrato fijo-discontinuo podrá concertarse para el desarrollo de trabajos consistentes en la prestación de servicios en el marco de la ejecución de contratas mercantiles o administrativas que, siendo previsibles, formen parte de la actividad ordinaria de la empresa.

Asimismo, podrá celebrarse un contrato fijo-discontinuo entre una empresa de trabajo temporal y una persona contratada para ser cedida, en los términos previstos en el artículo 10.3 de la Ley 14/1994, de 1 de junio, por la que se regulan las empresas de trabajo temporal.

2. El contrato de trabajo fijo-discontinuo, conforme a lo dispuesto en el artículo 8.2, se deberá formalizar necesariamente por escrito y deberá reflejar los elementos esenciales de la actividad laboral, entre otros, la duración del periodo de actividad, la jornada y su distribución horaria, si bien estos últimos podrán figurar con carácter estimado, sin perjuicio de su concreción en el momento del llamamiento.

3. Mediante convenio colectivo o, en su defecto, acuerdo de empresa, se establecerán los criterios objetivos y formales por los que debe regirse el llamamiento de las personas fijas-discontinuas. En todo caso,

---

[108] Dada nueva redacción por art. 1 apartado 4 de Real Decreto-Ley 32/2021 de 28 de diciembre de 2021, con vigencia desde 30/03/2022

el llamamiento deberá realizarse por escrito o por otro medio que permita dejar constancia de la debida notificación a la persona interesada con las indicaciones precisas de las condiciones de su incorporación y con una antelación adecuada.

Sin perjuicio de lo anterior, la empresa deberá trasladar a la representación legal de las personas trabajadoras, con la suficiente antelación, al inicio de cada año natural, un calendario con las previsiones de llamamiento anual, o, en su caso, semestral, así como los datos de las altas efectivas de las personas fijas discontinuas una vez se produzcan.

Las personas fijas-discontinuas podrán ejercer las acciones que procedan en caso de incumplimientos relacionados con el llamamiento, iniciándose el plazo para ello desde el momento de la falta de este o desde el momento en que la conociesen [109].

4. Cuando la contratación fija-discontinua se justifique por la celebración de contratas, subcontratas o con motivo de concesiones administrativas en los términos de este artículo, los periodos de inactividad solo podrán producirse como plazos de espera de recolocación entre subcontrataciones.

En estos supuestos, los convenios colectivos sectoriales podrán determinar un plazo máximo de inactividad entre subcontratas, que, en defecto de previsión convencional, será de tres meses. Una vez cumplido dicho plazo, la empresa adoptará las medidas coyunturales o definitivas que procedan, en los términos previstos en esta norma.

5. Los convenios colectivos de ámbito sectorial podrán establecer una bolsa sectorial de empleo en la que se podrán integrar las personas fijas-discontinuas durante los periodos de inactividad, con el objetivo de favorecer su contratación y su formación continua durante estos, todo ello sin perjuicio de las obligaciones en materia de contratación y llamamiento efectivo de cada una de las empresas en los términos previstos en este artículo.

Estos mismos convenios podrán acordar, cuando las peculiaridades de la actividad del sector así lo justifiquen, la celebración a tiempo parcial de los contratos fijos-discontinuos, y la obligación de las empresas de elaborar un censo anual del personal fijo-discontinuo.

Asimismo, podrán establecer un periodo mínimo de llamamiento anual y una cuantía por fin de llamamiento a satisfacer por las empresas a las personas trabajadoras, cuando este coincida con la termina-

[109] Véanse arts. 245 a 248 LGSS, aprobada por RDLeg. 8/2015

ción de la actividad y no se produzca, sin solución de continuidad, un nuevo llamamiento.

6. Las personas trabajadoras fijas-discontinuas no podrán sufrir perjuicios por el ejercicio de los derechos de conciliación, ausencias con derecho a reserva de puesto de trabajo y otras causas justificadas en base a derechos reconocidos en la ley o los convenios colectivos.

Las personas trabajadoras fijas-discontinuas tienen derecho a que su antigüedad se calcule teniendo en cuenta toda la duración de la relación laboral y no el tiempo de servicios efectivamente prestados, con la excepción de aquellas condiciones que exijan otro tratamiento en atención a su naturaleza y siempre que responda a criterios de objetividad, proporcionalidad y transparencia.

7. La empresa deberá informar a las personas fijas-discontinuas y a la representación legal de las personas trabajadoras sobre la existencia de puestos de trabajo vacantes de carácter fijo ordinario, de manera que aquellas puedan formular solicitudes de conversión voluntaria, de conformidad con los procedimientos que establezca el convenio colectivo sectorial o, en su defecto, el acuerdo de empresa.

8. Las personas trabajadoras fijas-discontinuas tendrán la consideración de colectivo prioritario para el acceso a las iniciativas de formación del sistema de formación profesional para el empleo en el ámbito laboral durante los periodos de inactividad.

Sección 2ª
Derechos y deberes derivados del contrato

17. *No discriminación en las relaciones laborales.* 1. Se entenderán nulos y sin efecto los preceptos reglamentarios, las cláusulas de los convenios colectivos, los pactos individuales y las decisiones unilaterales del empresario que den lugar en el empleo, así como en materia de retribuciones, jornada y demás condiciones de trabajo, a situaciones de discriminación directa o indirecta desfavorables por razón de edad o discapacidad o a situaciones de discriminación directa o indirecta por razón de sexo, origen, incluido el racial o étnico, estado civil, condición social, religión o convicciones, ideas políticas, orientación e identidad sexual, expresión de género, características sexuales, adhesión o no a sindicatos y a sus acuerdos, vínculos de parentesco con personas pertenecientes a o relacionadas con la empresa y lengua dentro del Estado español. [110]

Serán igualmente nulas las órdenes de discriminar y las decisiones del empresario que supongan un trato desfavorable de los trabajadores como reacción ante una reclamación efectuada en la empresa o ante una acción administrativa o judicial destinada a exigir el cumplimiento del principio de igualdad de trato y no discriminación. [111]

El incumplimiento de la obligación de tomar medidas de protección frente a la discriminación y la violencia dirigida a las personas LGTBI a que se refiere el artículo 62.3 de la Ley para la igualdad real y efectiva de las personas trans y para la garantía de los derechos de las personas LGTBI dará lugar a la asunción de responsabilidad de las personas empleadoras en los términos del artículo 62.2 de la misma norma. [112]

2. Podrán establecerse por ley las exclusiones, reservas y preferencias para ser contratado libremente. [113]

3. No obstante lo dispuesto en el apartado anterior, el Gobierno podrá regular medidas de reserva, duración o preferencia en el empleo

---

[110] Véase Convenio 111 OIT, de 25 junio 1958, relativo a la discriminación en materia de empleo y ocupación

[111] Véanse arts. 14, 28, 35 y 37 CE, art. 8.12 LISOS, arts. 5 y 19 LO 3/2007, de 22 marzo, para la igualdad efectiva de mujeres y hombres, art. 314 CP, Res. de 15 de junio de 2015, por la que se registra y publica el III Acuerdo para el Empleo y la Negociación Colectiva 2015, 2016 y 2017, Res. de 17 de julio de 2018, por la que se registra y publica el IV Acuerdo para el Empleo y la Negociación Colectiva, art. 2 y tít. II RDLeg. 1/2013, de 29 de noviembre, por el que se aprueba el TR Ley General de derechos de las personas con discapacidad y de su inclusión social, art. 23.2 c) y e) LO 4/2000, de 11 enero, sobre derechos y libertades de los extranjeros en España y su integración social, y disp. adic. 7ª Ley 62/2003, de 30 diciembre, de medidas fiscales, administrativas y del orden social

[112] Dada nueva redacción apartado 1 por disposición final 14 apartado 4 de Ley 4/2023 de 28 de febrero de 2023, con vigencia desde 02/03/2023

[113] Véanse arts. 2 d), 21 a 23, y disp. adic. 16ª LO 1/2004, de 28 diciembre, de Medidas de Protección Integral contra la Violencia de Género, art. 42 RDLeg. 1/2013, de 29 noviembre, por el que se aprueba el TR Ley General de derechos de las personas con discapacidad y de su inclusión social, RD 364/2005, de 8 abril, por el que se regula el cumplimiento alternativo con carácter excepcional de la cuota de reserva en favor de los trabajadores con discapacidad y O PRE/1822/2006, de 9 junio, por la que se establecen criterios generales para la adaptación de tiempos adicionales en los procesos selectivos para el acceso al empleo público de personas con discapacidad

que tengan por objeto facilitar la colocación de trabajadores demandantes de empleo. [114]

Asimismo, el Gobierno podrá otorgar subvenciones, desgravaciones y otras medidas para fomentar el empleo de grupos específicos de trabajadores que encuentren dificultades especiales para acceder al empleo. La regulación de las mismas se hará previa consulta a las organizaciones sindicales y asociaciones empresariales más representativas. [115]

Las medidas a las que se refieren los párrafos anteriores se orientarán prioritariamente a fomentar el empleo estable de los trabajadores desempleados y la conversión de contratos temporales en contratos por tiempo indefinido.

4. Sin perjuicio de lo dispuesto en los apartados anteriores, la negociación colectiva podrá establecer medidas de acción positiva para favorecer el acceso de las mujeres a todas las profesiones. A tal efecto podrá establecer reservas y preferencias en las condiciones de contratación de modo que, en igualdad de condiciones de idoneidad, tengan preferencia para ser contratadas las personas del sexo menos representado en el grupo profesional de que se trate. [116]

Asimismo, la negociación colectiva podrá establecer este tipo de medidas en las condiciones de clasificación profesional, promoción y formación, de modo que, en igualdad de condiciones de idoneidad, tengan preferencia las personas del sexo menos representado para favorecer su acceso al grupo profesional o puesto de trabajo de que se trate. [117]

---

[114] Véase RD 818/2021, de 28 de septiembre, por el que se regulan los programas comunes de activación para el empleo del Sistema Nacional de Empleo

[115] Véanse RD 870/2007, de 2 julio, por el que se regula el programa de empleo con apoyo como medida de fomento de empleo de personas con discapacidad en el mercado ordinario de trabajo, cap. I Ley 43/2006, de 29 de diciembre, para la mejora del crecimiento y del empleo, art. 9 Ley 5/2011, de 29 de marzo, de Economía Social, art. 107 Ley 18/2014, de 15 de octubre, de aprobación de medidas urgentes para el crecimiento, la competitividad y la eficiencia y , desde el 1 septiembre 2023, RDL 1/2023 de 10 enero, de medidas urgentes en materia de incentivos a la contratación laboral y mejora de la protección social de las personas artistas

[116] Véanse art. 11 y disp. adic. 1ª LO 3/2007, de 22 marzo, para la igualdad efectiva de mujeres y hombres

[117] Véase art. 85 de la presente Ley

5. El establecimiento de planes de igualdad en las empresas se ajustará a lo dispuesto en esta ley y en la Ley Orgánica 3/2007, de 22 de marzo, para la igualdad efectiva de mujeres y hombres.

18. *Inviolabilidad de la persona del trabajador.* Solo podrán realizarse registros sobre la persona del trabajador, en sus taquillas y efectos particulares, cuando sean necesarios para la protección del patrimonio empresarial y del de los demás trabajadores de la empresa, dentro del centro de trabajo y en horas de trabajo. En su realización se respetará al máximo la dignidad e intimidad del trabajador y se contará con la asistencia de un representante legal de los trabajadores o, en su ausencia del centro de trabajo, de otro trabajador de la empresa, siempre que ello fuera posible.

19. *Seguridad y salud en el trabajo.* 1. El trabajador, en la prestación de sus servicios, tendrá derecho a una protección eficaz en materia de seguridad y salud en el trabajo. [118]

2. El trabajador está obligado a observar en su trabajo las medidas legales y reglamentarias de seguridad y salud en el trabajo. [119]

3. En la inspección y control de dichas medidas que sean de observancia obligada por el empresario, el trabajador tiene derecho a participar por medio de sus representantes legales en el centro de trabajo, si no se cuenta con órganos o centros especializados competentes en la materia a tenor de la legislación vigente. [120]

4. El empresario está obligado a garantizar que cada trabajador reciba una formación teórica y práctica, suficiente y adecuada, en materia preventiva tanto en el momento de su contratación, cualquiera que sea

---

[118] Véanse Dir. 1989/391/CE, del Consejo, de 12 junio 1989, relativa a la aplicación de medidas para promover la mejora de la seguridad y de la salud de los trabajadores en el trabajo, Ley 31/1995, de 8 noviembre, de Prevención de Riesgos Laborales, arts. 26 y ss. y 186 y ss D 2065/1974, de 30 de mayo, por el que se aprueba el Texto Refundido de la Ley General de la Seguridad Social, art. 8 b) Ley 14/1994, de 1 junio, por la que se regulan las Empresas de Trabajo Temporal, arts. 242 y ss. LGSS, aprobada por RDLeg. 8/2015, arts. 11 a 13, 14, 18, 19 y 42 LISOS, y art. 316 CP

[119] Véanse art. 29 Ley 31/1995, de 8 noviembre, de Prevención de Riesgos Laborales y art. 5 b) de la presente Ley

[120] Véanse arts. 18, 33 y ss. Ley 31/1995, de 8 noviembre, de Prevención de Riesgos Laborales y arts. 64.1.7 y 64.1.8 b) de la presente Ley

la modalidad o duración de esta, como cuando se produzcan cambios en las funciones que desempeñe o se introduzcan nuevas tecnologías o cambios en los equipos de trabajo. El trabajador está obligado a seguir la formación y a realizar las prácticas. Todo ello en los términos señalados en la Ley 31/1995, de 8 de noviembre, de Prevención de Riesgos Laborales, y en sus normas de desarrollo, en cuanto les sean de aplicación. [121]

5. Los delegados de prevención y, en su defecto, los representantes legales de los trabajadores en el centro de trabajo, que aprecien una probabilidad seria y grave de accidente por la inobservancia de la legislación aplicable en la materia, requerirán al empresario por escrito para que adopte las medidas oportunas que hagan desaparecer el estado de riesgo; si la petición no fuese atendida en un plazo de cuatro días, se dirigirán a la autoridad competente; esta, si apreciase las circunstancias alegadas, mediante resolución fundada, requerirá al empresario para que adopte las medidas de seguridad apropiadas o que suspenda sus actividades en la zona o local de trabajo o con el material en peligro. También podrá ordenar, con los informes técnicos precisos, la paralización inmediata del trabajo si se estima un riesgo grave de accidente. [122]

Si el riesgo de accidente fuera inminente, la paralización de las actividades podrá ser acordada por los representantes de los trabajadores, por mayoría de sus miembros. Tal acuerdo podrá ser adoptado por decisión mayoritaria de los delegados de prevención cuando no resulte posible reunir con la urgencia requerida al órgano de representación del personal. El acuerdo será comunicado de inmediato a la empresa y a la autoridad laboral, la cual, en veinticuatro horas, anulará o ratificará la paralización acordada.

---

[121] Véanse art. 12.2 Ley 14/1994, de 1 de junio, por la que se regulan las Empresas de Trabajo Temporal y arts. 19 y 28.5 Ley 31/1995, de 8 noviembre, de Prevención de Riesgos Laborales

[122] Véanse art. 26 Ley 14/1986, de 25 abril, General de Sanidad, art. 188 LGSS de 1974 y art. 21 Ley 31/1995, de 8 noviembre, de Prevención de Riesgos Laborales

20. *Dirección y control de la actividad laboral.* 1. El trabajador estará obligado a realizar el trabajo convenido bajo la dirección del empresario o persona en quien este delegue. [123]

2. En el cumplimiento de la obligación de trabajar asumida en el contrato, el trabajador debe al empresario la diligencia y la colaboración en el trabajo que marquen las disposiciones legales, los convenios colectivos y las órdenes o instrucciones adoptadas por aquel en el ejercicio regular de sus facultades de dirección y, en su defecto, por los usos y costumbres. En cualquier caso, el trabajador y el empresario se someterán en sus prestaciones recíprocas a las exigencias de la buena fe. [124]

3. El empresario podrá adoptar las medidas que estime más oportunas de vigilancia y control para verificar el cumplimiento por el trabajador de sus obligaciones y deberes laborales, guardando en su adopción y aplicación la consideración debida a su dignidad y teniendo en cuenta, en su caso, la capacidad real de los trabajadores con discapacidad. [125]

4. El empresario podrá verificar el estado de salud del trabajador que sea alegado por este para justificar sus faltas de asistencia al trabajo, mediante reconocimiento a cargo de personal médico. La negativa del trabajador a dichos reconocimientos podrá determinar

---

[123] Véanse art. 15 Ley 14/1994, de 1 junio, por la que se regulan las Empresas de Trabajo Temporal, y art. 6 RD 1331/2006, de 17 noviembre, por el que se regula la relación laboral de carácter especial de los abogados que prestan servicios en despachos de abogados, individuales o colectivos

[124] Véanse art. 2 RD 1382/1985, de 1 agosto, por el que se regula la Relación Laboral de carácter Especial del personal de Alta Dirección, art. 7.1 RD 1006/1985, de 26 de junio, por el que se regula la Relación Laboral Especial de los Deportistas Profesionales, art. 6.2 RD 1435/1985, de 1 agosto, por el que se regula la Relación Laboral Especial de los Artistas en Espectáculos Públicos y art. 6 a) RD 782/2001, de 6 julio, por el que se regula la relación laboral de carácter especial de los penados que realicen actividades laborales en talleres penitenciarios y la protección de Seguridad Social de los sometidos a penas de trabajo en beneficio de la comunidad

[125] Téngase en cuenta, en relación con la capacidad de los trabajadores disminuidos, lo dispuesto en el art. 12 c) RD 1368/1985, de 17 julio, por el que se regula la Relación Laboral de carácter Especial de los Minusválidos que trabajen en los Centros Especiales de Empleo, y véanse arts. 2.2 y 7 LO 1/1982, de 5 mayo, de Protección Civil del Derecho al Honor, a la Intimidad Personal y Familiar y a la Propia Imagen y art. 19 Ley 14/1986, de 25 abril, General de Sanidad

la suspensión de los derechos económicos que pudieran existir a cargo del empresario por dichas situaciones. [126]

20 bis. *Derechos de los trabajadores a la intimidad en relación con el entorno digital y a la desconexión.* [127] Los trabajadores tienen derecho a la intimidad en el uso de los dispositivos digitales puestos a su disposición por el empleador, a la desconexión digital y a la intimidad frente al uso de dispositivos de videovigilancia y geolocalización en los términos establecidos en la legislación vigente en materia de protección de datos personales y garantía de los derechos digitales.

21. *Pacto de no concurrencia y de permanencia en la empresa.* 1. No podrá efectuarse la prestación laboral de un trabajador para diversos empresarios cuando se estime concurrencia desleal o cuando se pacte la plena dedicación mediante compensación económica expresa, en los términos que al efecto se convengan. [128]

2. El pacto de no competencia para después de extinguido el contrato de trabajo, que no podrá tener una duración superior a dos años para los técnicos y de seis meses para los demás trabajadores, solo será válido si concurren los requisitos siguientes:

a) Que el empresario tenga un efectivo interés industrial o comercial en ello.

b) Que se satisfaga al trabajador una compensación económica adecuada. [129]

---

[126] Véase art. 54.2 d) de la presente Ley

[127] Añadido por disposición final 13 de Ley Orgánica 3/2018 de 5 de diciembre de 2018, con vigencia desde 07/12/2018

[128] Véanse art. 8.1 RD 1382/1985, de 1 agosto, por el que se regula la Relación Laboral de carácter Especial del personal de Alta Dirección, arts. 9 f) y 10.4 RD 1438/1985, de 1 agosto, por el que se regula la Relación Laboral de carácter Especial de las personas que intervengan en operaciones mercantiles por cuenta de uno o más empresarios, sin asumir el riesgo y ventura de aquéllas y arts. 10 y ss. RD 1331/2006, de 17 noviembre, por el que se regula la relación laboral de carácter especial de los abogados que prestan servicios en despachos de abogados, individuales o colectivos

[129] Véanse art. 8.3 RD 1382/1985, de 1 agosto, por el que se regula la Relación Laboral de carácter Especial del personal de Alta Dirección, art. 10.4 RD 1438/1985, de 1 agosto, por el que se regula la Relación Laboral de carácter Especial de las personas que intervengan en operaciones mercantiles por cuenta de uno o más empresarios, sin asumir el riesgo y ventura de aquéllas y arts. 10 y 12 RD 1331/2006,

3. En el supuesto de compensación económica por la plena dedicación, el trabajador podrá rescindir el acuerdo y recuperar su libertad de trabajo en otro empleo, comunicándolo por escrito al empresario con un preaviso de treinta días, perdiéndose en este caso la compensación económica u otros derechos vinculados a la plena dedicación. [130]

4. Cuando el trabajador haya recibido una especialización profesional con cargo al empresario para poner en marcha proyectos determinados o realizar un trabajo específico, podrá pactarse entre ambos la permanencia en dicha empresa durante cierto tiempo. El acuerdo no será de duración superior a dos años y se formalizará siempre por escrito. Si el trabajador abandona el trabajo antes del plazo, el empresario tendrá derecho a una indemnización de daños y perjuicios. [131]

Sección 3ª
Clasificación profesional y promoción en el trabajo

22. *Sistema de clasificación profesional.* 1. Mediante la negociación colectiva o, en su defecto, acuerdo entre la empresa y los representantes de los trabajadores, se establecerá el sistema de clasificación profesional de los trabajadores por medio de grupos profesionales.

2. Se entenderá por grupo profesional el que agrupe unitariamente las aptitudes profesionales, titulaciones y contenido general de la prestación, y podrá incluir distintas tareas, funciones, especialidades profesionales o responsabilidades asignadas al trabajador.

3. La definición de los grupos profesionales se ajustará a criterios y sistemas que, basados en un análisis correlacional entre sesgos de género, puestos de trabajo, criterios de encuadramiento y retribuciones, tengan como objeto garantizar la ausencia de discriminación, tanto

---

de 17 noviembre, por el que se regula la relación laboral de carácter especial de los abogados que prestan servicios en despachos de abogados, individuales o colectivos

[130] Véase art. 6.4 RD 1435/1985, de 1 agosto, por el que se regula la Relación Laboral Especial de los Artistas en Espectáculos Públicos

[131] Véanse art. 8.2 RD 1382/1985, de 1 agosto, por el que se regula la Relación Laboral de carácter Especial del personal de Alta Dirección y art. 11 RD 1331/2006, de 17 noviembre, por el que se regula la relación laboral de carácter especial de los abogados que prestan servicios en despachos de abogados, individuales o colectivos

directa como indirecta, entre mujeres y hombres. Estos criterios y sistemas, en todo caso, cumplirán con lo previsto en el artículo 28.1. [132]

4. Por acuerdo entre el trabajador y el empresario se asignará al trabajador un grupo profesional y se establecerá como contenido de la prestación laboral objeto del contrato de trabajo la realización de todas las funciones correspondientes al grupo profesional asignado o solamente de alguna de ellas. Cuando se acuerde la polivalencia funcional o la realización de funciones propias de más de un grupo, la equiparación se realizará en virtud de las funciones que se desempeñen durante mayor tiempo.

23. *Promoción y formación profesional en el trabajo.* 1. El trabajador tendrá derecho:

a) Al disfrute de los permisos necesarios para concurrir a exámenes, así como a una preferencia a elegir turno de trabajo y a acceder al trabajo a distancia, si tal es el régimen instaurado en la empresa, y el puesto o funciones son compatibles con esta forma de realización del trabajo, cuando curse con regularidad estudios para la obtención de un título académico o profesional. [133]

b) A la adaptación de la jornada ordinaria de trabajo para la asistencia a cursos de formación profesional.

c) A la concesión de los permisos oportunos de formación o perfeccionamiento profesional con reserva del puesto de trabajo.

d) A la formación necesaria para su adaptación a las modificaciones operadas en el puesto de trabajo. La misma correrá a cargo de la empresa, sin perjuicio de la posibilidad de obtener a tal efecto los créditos destinados a la formación. El tiempo destinado a la formación se considerará en todo caso tiempo de trabajo efectivo. [134]

---

[132] Dada nueva redacción apartado 3 por art. 2 apartado 6 de Real Decreto-Ley 6/2019 de 1 de marzo de 2019, con vigencia desde 08/03/2019

[133] Dada nueva redacción apartado 1 letra a por disposición final 3 apartado 2 de Ley 10/2021 de 9 de julio de 2021, con vigencia desde 11/07/2021

[134] Véanse Convenio 140 OIT, relativo a la Licencia Pagada de Estudios, del 24 junio 1974, RD 694/2017, de 3 de julio, por el que se desarrolla la Ley 30/2015, de 9 de septiembre, por la que se regula el Sistema de Formación Profesional para el Empleo en el ámbito laboral y O TAS/2307/2007, de 27 julio, por la que se desarrolla el RD 395/2007, de 23 de marzo

2. En la negociación colectiva se pactarán los términos del ejercicio de estos derechos, que se acomodarán a criterios y sistemas que garanticen la ausencia de discriminación, tanto directa como indirecta, entre trabajadores de uno y otro sexo. [135]

3. Los trabajadores con al menos un año de antigüedad en la empresa tienen derecho a un permiso retribuido de veinte horas anuales de formación profesional para el empleo, vinculada a la actividad de la empresa, acumulables por un periodo de hasta cinco años. El derecho se entenderá cumplido en todo caso cuando el trabajador pueda realizar las acciones formativas dirigidas a la obtención de la formación profesional para el empleo en el marco de un plan de formación desarrollado por iniciativa empresarial o comprometido por la negociación colectiva. Sin perjuicio de lo anterior, no podrá comprenderse en el derecho a que se refiere este apartado la formación que deba obligatoriamente impartir la empresa a su cargo conforme a lo previsto en otras leyes. En defecto de lo previsto en convenio colectivo, la concreción del modo de disfrute del permiso se fijará de mutuo acuerdo entre trabajador y empresario.

24. *Ascensos.* 1. Los ascensos dentro del sistema de clasificación profesional se producirán conforme a lo que se establezca en convenio o, en su defecto, en acuerdo colectivo entre la empresa y los representantes de los trabajadores.

En todo caso los ascensos se producirán teniendo en cuenta la formación, méritos, antigüedad del trabajador, así como las facultades organizativas del empresario.

2. Los ascensos y la promoción profesional en la empresa se ajustarán a criterios y sistemas que tengan como objetivo garantizar la ausencia de discriminación, tanto directa como indirecta, entre mujeres y hombres, pudiendo establecerse medidas de acción positiva dirigidas a eliminar o compensar situaciones de discriminación.

25. *Promoción económica.* 1.El trabajador, en función del trabajo desarrollado, podrá tener derecho a una promoción económica en los términos fijados en convenio colectivo o contrato individual.

---

[135] Véanse arts. 51 y cc. RDLeg. 5/2015, de 30 de octubre, texto refundido de la Ley del Estatuto Básico del Empleado Público

2. Lo dispuesto en el apartado anterior se entiende sin perjuicio de los derechos adquiridos o en curso de adquisición en el tramo temporal correspondiente.

Sección 4ª
Salarios y garantías salariales

26. *Del salario.* 1. Se considerará salario la totalidad de las percepciones económicas de los trabajadores, en dinero o en especie, por la prestación profesional de los servicios laborales por cuenta ajena, ya retribuyan el trabajo efectivo, cualquiera que sea la forma de remuneración, o los periodos de descanso computables como de trabajo. [136]

En ningún caso, incluidas las relaciones laborales de carácter especial a que se refiere el artículo 2, el salario en especie podrá superar el treinta por ciento de las percepciones salariales del trabajador, ni dar lugar a la minoración de la cuantía íntegra en dinero del salario mínimo interprofesional.

2. No tendrán la consideración de salario las cantidades percibidas por el trabajador en concepto de indemnizaciones o suplidos por los gastos realizados como consecuencia de su actividad laboral, las prestaciones e indemnizaciones de la Seguridad Social y las indemnizaciones correspondientes a traslados, suspensiones o despidos. [137]

3. Mediante la negociación colectiva o, en su defecto, el contrato individual, se determinará la estructura del salario, que deberá comprender el salario base, como retribución fijada por unidad de tiempo o de obra y, en su caso, complementos salariales fijados en función de circunstancias relativas a las condiciones personales del trabajador, al trabajo realizado o a la situación y resultados de la empresa, que se cal-

[136] Téngase en cuenta, sobre la cuantía del salario en especie, lo dispuesto en el art. 8 RD 1620/2011, de 14 de noviembre, por el que se regula la relación laboral de carácter especial del servicio del hogar familiar y véanse arts. 42 y 43 Ley 35/2006, de 28 noviembre, del IRPF y de modificación parcial de las leyes de los Impuestos sobre Sociedades, sobre la Renta de no Residentes y sobre el Patrimonio, y arts. 43 a 48 RD 439/2007, de 30 marzo, por el que se aprueba el Reglamento del IRPF

[137] Véanse arts. 7 y 17 Ley 35/2006, de 28 noviembre, del IRPF y de modificación parcial de las leyes de los Impuestos sobre Sociedades, sobre la Renta de no Residentes y sobre el Patrimonio

cularán conforme a los criterios que a tal efecto se pacten. Igualmente se pactará el carácter consolidable o no de dichos complementos salariales, no teniendo el carácter de consolidables, salvo acuerdo en contrario, los que estén vinculados al puesto de trabajo o a la situación y resultados de la empresa. [138]

4. Todas las cargas fiscales y de Seguridad Social a cargo del trabajador serán satisfechas por el mismo, siendo nulo todo pacto en contrario. [139]

5. Operará la compensación y absorción cuando los salarios realmente abonados, en su conjunto y cómputo anual, sean más favorables para los trabajadores que los fijados en el orden normativo o convencional de referencia.

27. *Salario mínimo interprofesional.* 1. El Gobierno fijará, previa consulta con las organizaciones sindicales y asociaciones empresariales más representativas, anualmente, el salario mínimo interprofesional [140] , teniendo en cuenta:

a) El índice de precios de consumo.

b) La productividad media nacional alcanzada.

c) El incremento de la participación del trabajo en la renta nacional.

d) La coyuntura económica general. [141]

Igualmente se fijará una revisión semestral para el caso de que no se cumplan las previsiones sobre el índice de precios citado.

La revisión del salario mínimo interprofesional no afectará a la estructura ni a la cuantía de los salarios profesionales cuando estos, en su conjunto y cómputo anual, fueran superiores a aquel.

2. El salario mínimo interprofesional, en su cuantía, tanto anual como mensual, es inembargable. A efectos de determinar lo anterior se tendrán en cuenta tanto el periodo de devengo como la forma de cómputo, se incluya o no el prorrateo de las pagas extraordinarias, garantizándose la inembargabilidad de la cuantía que resulte en cada

---

[138] Véase disp. adic. 4ª de la presente Ley

[139] Véase art. 143 LGSS, aprobada por RDLeg. 8/2015

[140] Véase el RD 87/2025, de 11 de febrero, por el que se fija el salario mínimo interprofesional para 2025

[141] Véase el art. 1.2 RDL 3/2004 de 25 junio, para la racionalización de la regulación del salario mínimo interprofesional y para el incremento de su cuantía

caso. En particular, si junto con el salario mensual se percibiese una gratificación o paga extraordinaria, el límite de inembargabilidad estará constituido por el doble del importe del salario mínimo interprofesional mensual y en el caso de que en el salario mensual percibido estuviera incluida la parte proporcional de las pagas o gratificaciones extraordinarias, el límite de inembargabilidad estará constituido por el importe del salario mínimo interprofesional en cómputo anual prorrateado entre doce meses. [142] [143]

28. *Igualdad de remuneración por razón de sexo.* [144] [145]
1. El empresario está obligado a pagar por la prestación de un trabajo de igual valor la misma retribución, satisfecha directa o indirectamente, y cualquiera que sea la naturaleza de la misma, salarial o extrasalarial, sin que pueda producirse discriminación alguna por razón de sexo en ninguno de los elementos o condiciones de aquella.

Un trabajo tendrá igual valor que otro cuando la naturaleza de las funciones o tareas efectivamente encomendadas, las condiciones educativas, profesionales o de formación exigidas para su ejercicio, los factores estrictamente relacionados con su desempeño y las condiciones laborales en las que dichas actividades se llevan a cabo en realidad sean equivalentes.

2. El empresario está obligado a llevar un registro con los valores medios de los salarios, los complementos salariales y las percepciones extrasalariales de su plantilla, desagregados por sexo y distribuidos por grupos profesionales, categorías profesionales o puestos de trabajo iguales o de igual valor.

Las personas trabajadoras tienen derecho a acceder, a través de la representación legal de los trabajadores en la empresa, al registro salarial de su empresa.

---

[142] Téngase en cuenta lo dispuesto en el art. 607 LEC

[143] Dada nueva redacción apartado 2 por disposición final 8 apartado 1 de Ley 3/2023 de 28 de febrero de 2023, con vigencia desde 02/03/2023

[144] Dada nueva redacción por art. 2 apartado 7 de Real Decreto-Ley 6/2019 de 1 de marzo de 2019, con vigencia desde 08/03/2019

[145] Téngase en cuenta lo dispuesto en las Dir. 2006/54/CE del Parlamento Europeo y del Consejo de 5 de julio de 2006 relativa a la aplicación del principio de igualdad de oportunidades e igualdad de trato entre hombres y mujeres en asuntos de empleo y ocupación (refundición) y Dir. 2000/78/CE del Consejo, de 27 noviembre de 2000, relativa al establecimiento de un marco general para la igualdad de trato en el empleo y la ocupación, y véase art. 35.1 CE

3. Cuando en una empresa con al menos cincuenta trabajadores, el promedio de las retribuciones a los trabajadores de un sexo sea superior a los del otro en un veinticinco por ciento o más, tomando el conjunto de la masa salarial o la media de las percepciones satisfechas, el empresario deberá incluir en el Registro salarial una justificación de que dicha diferencia responde a motivos no relacionados con el sexo de las personas trabajadoras.

29. *Liquidación y pago.* 1. La liquidación y el pago del salario se harán puntual y documentalmente en la fecha y lugar convenidos o conforme a los usos y costumbres. El periodo de tiempo a que se refiere el abono de las retribuciones periódicas y regulares no podrá exceder de un mes. [146]

El trabajador y, con su autorización, sus representantes legales, tendrán derecho a percibir, sin que llegue el día señalado para el pago, anticipos a cuenta del trabajo ya realizado. [147]

La documentación del salario se realizará mediante la entrega al trabajador de un recibo individual y justificativo del pago del mismo. El recibo de salarios se ajustará al modelo que apruebe el Ministerio de Empleo y Seguridad Social, salvo que por convenio colectivo o, en su defecto, por acuerdo entre la empresa y los representantes de los trabajadores, se establezca otro modelo que contenga con la debida claridad y separación las diferentes percepciones del trabajador, así como las deducciones que legalmente procedan. [148]

La liquidación de los salarios que correspondan a quienes presten servicios en trabajos que tengan el carácter de fijos-discontinuos, en los supuestos de conclusión de cada periodo de actividad, se llevará a cabo con sujeción a los trámites y garantías establecidos en el artículo 49.2.

2. El derecho al salario a comisión nacerá en el momento de realizarse y pagarse el negocio, la colocación o venta en que hubiera inter-

[146] Véanse art. 8.1 LISOS y art. 50.1 b) de la presente Ley

[147] Téngase en cuenta lo dispuesto en el D 3084/1974, de 11 octubre, sobre anticipos de salarios en las ofertas de empleo

[148] Véanse arts. 6.2 y 7.3 LISOS y O de 27 diciembre 1994, por la que se aprueba el Modelo de Recibo Individual de Salarios

venido el trabajador, liquidándose y pagándose, salvo que se hubiese pactado otra cosa, al finalizar el año. [149]

El trabajador y sus representantes legales pueden pedir en cualquier momento comunicaciones de la parte de los libros referentes a tales devengos.

3. El interés por mora en el pago del salario será el diez por ciento de lo adeudado. [150]

4. El salario, así como el pago delegado de las prestaciones de la Seguridad Social, podrá efectuarlo el empresario en moneda de curso legal o mediante cheque u otra modalidad de pago similar a través de entidades de crédito, previo informe al comité de empresa o delegados de personal.

30. *Imposibilidad de la prestación.* Si el trabajador no pudiera prestar sus servicios una vez vigente el contrato porque el empresario se retrasare en darle trabajo por impedimentos imputables al mismo y no al trabajador, este conservará el derecho a su salario, sin que pueda hacérsele compensar el que perdió con otro trabajo realizado en otro tiempo.

31. *Gratificaciones extraordinarias.* El trabajador tiene derecho a dos gratificaciones extraordinarias al año, una de ellas con ocasión de las fiestas de Navidad y la otra en el mes que se fije por convenio colectivo o por acuerdo entre el empresario y los representantes legales de los trabajadores. Igualmente se fijará por convenio colectivo la cuantía de tales gratificaciones.

No obstante, podrá acordarse en convenio colectivo que las gratificaciones extraordinarias se prorrateen en las doce mensualidades. [151]

---

[149] Véase art. 8.3 RD 1438/1985, de 1 agosto, por el que se regula la Relación Laboral de carácter Especial de las personas que intervengan en operaciones mercantiles por cuenta de uno o más empresarios, sin asumir el riesgo y ventura de aquéllas

[150] Véase art. 576 LEC

[151] Véanse art. 8 RD 1620/2011, de 14 noviembre, por el que se regula la relación laboral de carácter especial del servicio del hogar familiar, art. 15 RD 782/2001, de 6 julio, por el que se regula la relación laboral de carácter especial de los penados que realicen actividades laborales en talleres penitenciarios y la protección de Seguridad Social de los sometidos a penas de trabajo en beneficio de la comunidad, art. 12 b) RD 1368/1985, de 17 julio, por el que se regula la Relación Laboral de carácter

32. *Garantías del salario.* 1. Los créditos salariales por los últimos treinta días de trabajo y en cuantía que no supere el doble del salario mínimo interprofesional gozarán de preferencia sobre cualquier otro crédito, aunque este se encuentre garantizado por prenda o hipoteca. [152]

2. Los créditos salariales gozarán de preferencia sobre cualquier otro crédito respecto de los objetos elaborados por los trabajadores mientras sean propiedad o estén en posesión del empresario.

3. Los créditos por salarios no protegidos en los apartados anteriores tendrán la condición de singularmente privilegiados en la cuantía que resulte de multiplicar el triple del salario mínimo interprofesional por el número de días del salario pendientes de pago, gozando de preferencia sobre cualquier otro crédito, excepto los créditos con derecho real, en los supuestos en los que estos, con arreglo a la ley, sean preferentes. La misma consideración tendrán las indemnizaciones por despido en la cuantía correspondiente al mínimo legal calculada sobre una base que no supere el triple del salario mínimo.

4. El plazo para ejercitar los derechos de preferencia del crédito salarial es de un año, a contar desde el momento en que debió percibirse el salario, transcurrido el cual prescribirán tales derechos.

5. Las preferencias reconocidas en los apartados precedentes serán de aplicación en todos los supuestos en los que, no hallándose el empresario declarado en concurso, los correspondientes créditos concurran con otro u otros sobre bienes de aquel. En caso de concurso, serán de aplicación las disposiciones de la Ley 22/2003, de 9 de julio, Concursal, relativas a la clasificación de los créditos y a las ejecuciones y apremios. [153]

33. *El Fondo de Garantía Salarial.* [154]

Especial de los Minusválidos que trabajen en los Centros Especiales de Empleo y art. 7.2 RD 1146/2006, de 6 octubre, por el que se regula la relación laboral especial de residencia para la formación de especialistas en Ciencias de la Salud

[152] Véanse Convenio 173 OIT, sobre la protección de los créditos laborales en caso de insolvencia del empleador, adoptado en Ginebra el 23 junio 1992 y disp. adic. 5ª de la presente Ley

[153] Véanse arts. 84, 89, 90, 154, 155, y 156 Ley 22/2003, de 9 julio, Concursal

[154] Véanse RD 505/1985, de 6 marzo, sobre organización y funcionamiento del Fondo de Garantía Salarial, y O de 20 agosto 1985, por la que se desarrolla el anterior

1. El Fondo de Garantía Salarial, organismo autónomo adscrito al Ministerio de Empleo y Seguridad Social, con personalidad jurídica y capacidad de obrar para el cumplimiento de sus fines, abonará a los trabajadores el importe de los salarios pendientes de pago a causa de insolvencia o concurso del empresario. [155]

A los anteriores efectos, se considerará salario la cantidad reconocida como tal en acto de conciliación o en resolución judicial por todos los conceptos a que se refiere el artículo 26.1, así como los salarios de tramitación en los supuestos en que legalmente procedan, sin que pueda el Fondo abonar, por uno u otro concepto, conjunta o separadamente, un importe superior a la cantidad resultante de multiplicar el doble del salario mínimo interprofesional diario, incluyendo la parte proporcional de las pagas extraordinarias, por el número de días de salario pendiente de pago, con un máximo de ciento veinte días. [156]

2. El Fondo de Garantía Salarial, en los casos del apartado anterior, abonará indemnizaciones reconocidas como consecuencia de sentencia, auto, acto de conciliación judicial o resolución administrativa a favor de los trabajadores a causa de despido o extinción de los contratos conforme a los artículos 50, 51, 52, 40.1 y 41.3, y de extinción de contratos conforme a los artículos 181 y 182 del texto refundido de la Ley Concursal, aprobado por el Real Decreto Legislativo 1/2020, de 5 de mayo, y al artículo 11.2 del Real Decreto 1620/2011, de 14 de noviembre, por el que se regula la relación laboral de carácter especial del servicio del hogar familiar, así como las indemnizaciones por extinción de contratos temporales o de duración determinada en los casos que legalmente procedan. En todos los casos, con el límite máximo de una anualidad, excepto en el supuesto del artículo 41.3 de esta norma, en que el límite máximo será de 9 mensualidades y en el del artículo 11.2 del Real Decreto 1620/2011, de 14 de noviembre, en que el límite será de 6 mensualidades, sin que el salario diario, base del cálculo, pueda exceder del doble del salario mínimo interprofesional, incluyendo la parte proporcional de las pagas extraordinarias.

y O TES/941/2023 de 1 agosto, por la que se regula el procedimiento para el reintegro al Fondo de Garantía Salarial, O.A., de las prestaciones pagadas indebidamente

[155] Véase RD 432/1999, de 12 marzo, de adaptación de diversos organismos autónomos a las previsiones de la Ley 6/1997, de 14 abril, de Organización y Funcionamiento de la Administración General del Estado

[156] Véase el Convenio 173 OIT, sobre la protección de los Créditos Laborales en caso de insolvencia del empleador, adoptado en Ginebra el 23 junio 1992

El importe de la indemnización, a los solos efectos de abono por el Fondo de Garantía Salarial para los casos de despido o extinción de los contratos conforme a los artículos 50 y 56, se calculará sobre la base de treinta días por año de servicio, con el límite fijado en el párrafo anterior. [157]

3. En caso de procedimientos concursales, desde el momento en que se tenga conocimiento de la existencia de créditos laborales o se presuma la posibilidad de su existencia, el juez, de oficio o a instancia de parte, citará al Fondo de Garantía Salarial, sin cuyo requisito no asumirá este las obligaciones señaladas en los apartados anteriores. El Fondo se personará en el expediente como responsable legal subsidiario del pago de los citados créditos, pudiendo instar lo que a su derecho convenga y sin perjuicio de que, una vez realizado, continúe como acreedor en el expediente. A los efectos del abono por el Fondo de las cantidades que resulten reconocidas a favor de los trabajadores, se tendrán en cuenta las reglas siguientes:

Primera. Sin perjuicio de los supuestos de responsabilidad directa del organismo en los casos legalmente establecidos, el reconocimiento del derecho a la prestación exigirá que los créditos de los trabajadores aparezcan incluidos en la lista de acreedores o, en su caso, reconocidos como deudas de la masa por el órgano del concurso competente para ello en cuantía igual o superior a la que se solicita del Fondo, sin perjuicio de la obligación de aquellos de reducir su solicitud o de reembolsar al Fondo la cantidad que corresponda cuando la cuantía reconocida en la lista definitiva fuese inferior a la solicitada o a la ya percibida.

Segunda. Las indemnizaciones a abonar a cargo del Fondo, con independencia de lo que se pueda pactar en el proceso concursal, se calcularán sobre la base de veinte días por año de servicio, con el límite máximo de una anualidad, sin que el salario diario, base del cálculo, pueda exceder del doble del salario mínimo interprofesional, incluyendo la parte proporcional de las pagas extraordinarias.

Tercera. En el supuesto de que los trabajadores perceptores de estas indemnizaciones solicitaran del Fondo el abono de la parte de indemnización no satisfecha por el empresario, el límite de la prestación

---

[157] Dada nueva redacción apartado 2 por art. 2 de Real Decreto-Ley 16/2022 de 6 de septiembre de 2022, con vigencia desde 09/09/2022

indemnizatoria a cargo del Fondo se reducirá en la cantidad ya percibida por aquellos. [158]

4. El Fondo asumirá las obligaciones especificadas en los apartados anteriores, previa instrucción de expediente para la comprobación de su procedencia. [159]

Para el reembolso de las cantidades satisfechas, el Fondo de Garantía Salarial se subrogará obligatoriamente en los derechos y acciones de los trabajadores, conservando el carácter de créditos privilegiados que les confiere el artículo 32 de esta ley. Si dichos créditos concurriesen con los que puedan conservar los trabajadores por la parte no satisfecha por el Fondo, unos y otros se abonarán a prorrata de sus respectivos importes. [160]

5. El Fondo de Garantía Salarial se financiará con las aportaciones efectuadas por todos los empresarios a que se refiere el artículo 1.2 de esta ley, tanto si son públicos como privados.

El tipo de cotización se fijará por el Gobierno sobre los salarios que sirvan de base para el cálculo de la cotización para atender las contingencias derivadas de accidentes de trabajo, enfermedad profesional y desempleo en el sistema de la Seguridad Social. [161]

6. A los efectos de este artículo se entiende que existe insolvencia del empresario cuando, instada la ejecución en la forma establecida por la Ley 36/2011, de 10 de octubre, Reguladora de la Jurisdicción Social, no se consiga satisfacción de los créditos laborales. La resolución en que conste la declaración de insolvencia será dictada previa audiencia del Fondo de Garantía Salarial. [162]

7. El derecho a solicitar del Fondo de Garantía Salarial el pago de las prestaciones que resultan de los apartados anteriores prescribirá al año de la fecha del acto de conciliación, sentencia, auto o resolución de la

---

[158] Véanse art. 23 LRJS y art. 184 Ley 22/2003, de 9 julio, Concursal

[159] Véase Res. de 11 de noviembre de 2020, de la Secretaría General del Fondo de Garantía Salarial, por la que se modifica el modelo de solicitud de prestaciones

[160] Véase art. 24 LRJS

[161] Téngase en cuenta, sobre la evolución de este tipo de cotización, lo dispuesto en la disp. adic. 4ª Ley 43/2006, de 29 diciembre, para la mejora del crecimiento y del empleo, y véase Orden PJC/178/2025 de 25 febrero, por la que se desarrollan las normas legales de cotización a la Seguridad Social, desempleo, protección por cese de actividad, Fondo de Garantía Salarial y formación profesional para el ejercicio 2025

[162] Véanse arts. 276 y 277 LRJS

autoridad laboral en que se reconozca la deuda por salarios o se fijen las indemnizaciones.

Tal plazo se interrumpirá por el ejercicio de las acciones ejecutivas o de reconocimiento del crédito en procedimiento concursal y por las demás formas legales de interrupción de la prescripción. [163]

8. El Fondo de Garantía Salarial tendrá la consideración de parte en la tramitación de los procedimientos arbitrales, a efectos de asumir las obligaciones previstas en este artículo.

9. El Fondo de Garantía Salarial dispensará la protección regulada en este artículo en relación con los créditos impagados de los trabajadores que ejerzan o hayan ejercido habitualmente su trabajo en España cuando pertenezcan a una empresa con actividad en el territorio de al menos dos Estados miembros de la Unión Europea, uno de los cuales sea España, cuando concurran, conjuntamente, las siguientes circunstancias:

a) Que se haya solicitado la apertura de un procedimiento colectivo basado en la insolvencia del empresario en un Estado miembro distinto de España, previsto por sus disposiciones legales y administrativas, que implique el desapoderamiento parcial o total del empresario y el nombramiento de un síndico o persona que ejerza una función similar.

b) Que se acredite que la autoridad competente, en virtud de dichas disposiciones, ha decidido la apertura del procedimiento; o bien que ha comprobado el cierre definitivo de la empresa o el centro de trabajo del empresario, así como la insuficiencia del activo disponible para justificar la apertura del procedimiento.

Cuando, de acuerdo con los términos establecidos en este apartado, la protección de los créditos impagados corresponda al Fondo de Garantía Salarial, este solicitará información de la institución de garantía del Estado miembro en el que se tramite el procedimiento colectivo de insolvencia sobre los créditos pendientes de pago de los trabajadores y sobre los satisfechos por dicha institución de garantía y pedirá su colaboración para garantizar que las cantidades abonadas a los trabajadores sean tenidas en cuenta en el procedimiento, así como para conseguir el reembolso de dichas cantidades.

10. En el supuesto de procedimiento concursal solicitado en España en relación con una empresa con actividad en el territorio de al menos otro Estado miembro de la Unión Europea, además de España, el

---

[163] Véase art. 59 de la presente Ley

Fondo de Garantía Salarial estará obligado a proporcionar información a la institución de garantía del Estado en cuyo territorio los trabajadores de la empresa en estado de insolvencia hayan ejercido o ejerzan habitualmente su trabajo, en particular, poniendo en su conocimiento los créditos pendientes de pago de los trabajadores, así como los satisfechos por el propio Fondo de Garantía Salarial.

Asimismo, el Fondo de Garantía Salarial prestará a la institución de garantía competente la colaboración que le sea requerida en relación con su intervención en el procedimiento y con el reembolso de las cantidades abonadas a los trabajadores.

11. El Fondo procederá a la instrucción de un expediente para la comprobación de la procedencia de los salarios e indemnizaciones reclamados, respetando en todo caso los límites previstos en los apartados anteriores.

Concluida la instrucción del expediente, el órgano competente dictará resolución en el plazo máximo de tres meses contados desde la presentación en forma de la solicitud. La notificación al interesado deberá ser cursada dentro del plazo de 10 días a partir de la fecha en que el acto haya sido dictado.

Transcurrido dicho plazo sin que haya recaído resolución expresa, el solicitante podrá entender estimada por silencio administrativo la solicitud de reconocimiento de las obligaciones con cargo al Fondo, sin que en ningún caso pueda obtenerse por silencio el reconocimiento de obligaciones en favor de personas que no puedan ser legalmente beneficiarias o por cuantía superior a la que resulte por aplicación de los límites previstos en los apartados anteriores. La resolución expresa posterior al vencimiento del plazo solo podrá dictarse de ser confirmatoria del reconocimiento de la obligación, en favor de personas que puedan ser legalmente beneficiarias y dentro de los límites previstos en los apartados anteriores. En todo caso, a efectos probatorios, se podrá solicitar un certificado acreditativo del silencio producido, en el que se incluirán las obligaciones con cargo al Fondo que, dentro de los límites previstos en los apartados anteriores, deben entenderse reconocidas.

Contra dicha resolución podrá interponerse demanda ante el órgano jurisdiccional del orden social competente en el plazo de dos meses contados desde el día siguiente al de la notificación si el acto fuera expreso; si no lo fuera, dicho plazo se contará a partir del día siguiente a aquel en que deba entenderse estimada la solicitud conforme a lo establecido en el apartado anterior por silencio. [164]

Sección 5ª
Tiempo de trabajo

34. *Jornada.* 1. La duración de la jornada de trabajo será la pactada en los convenios colectivos o contratos de trabajo. [165]

La duración máxima de la jornada ordinaria de trabajo será de cuarenta horas semanales de trabajo efectivo de promedio en cómputo anual. [166]

2. Mediante convenio colectivo o, en su defecto, por acuerdo entre la empresa y los representantes de los trabajadores, se podrá establecer la distribución irregular de la jornada a lo largo del año. En defecto de pacto, la empresa podrá distribuir de manera irregular a lo largo del año el diez por ciento de la jornada de trabajo.

Dicha distribución deberá respetar en todo caso los periodos mínimos de descanso diario y semanal previstos en la ley y el trabajador deberá conocer con un preaviso mínimo de cinco días el día y la hora de la prestación de trabajo resultante de aquella.

La compensación de las diferencias, por exceso o por defecto, entre la jornada realizada y la duración máxima de la jornada ordinaria de trabajo legal o pactada será exigible según lo acordado en convenio colectivo o, a falta de previsión al respecto, por acuerdo entre la em-

---

[164] Añadido apartado 11 por disposición final 5 de Real Decreto-Ley 19/2020 de 26 de mayo de 2020, con vigencia desde 28/05/2020

[165] Véase art. 12.1 de la presente Ley

[166] Véanse art. 9 RD 1620/2011, de 14 de noviembre, por el que se regula la relación laboral de carácter especial del servicio del hogar familiar, art. 9 RD 1006/1985, de 26 junio, por el que se regula la Relación Laboral Especial de los Deportistas Profesionales, art. 8 RD 1435/1985, de 1 agosto, por el que se regula la Relación Laboral Especial de los Artistas en Espectáculos Públicos, y art. 8 y cc. RD 1561/1995, de 21 septiembre, sobre Jornadas Especiales de Trabajo, y téngase en cuenta, sobre la jornada en la Administración del Estado, lo dispuesto en O APU/1818/2005, de 15 junio, por la que se introducen mejoras en las condiciones de jornada y horarios de trabajo del personal civil al servicio de la Administración General del Estado, y Res. de 28 de diciembre de 2012, de la Secretaría de Estado de Administraciones Públicas, por la que se dictan instrucciones sobre jornada y horarios de trabajo del personal al servicio de la Administración General del Estado y sus organismos públicos

presa y los representantes de los trabajadores. En defecto de pacto, las diferencias derivadas de la distribución irregular de la jornada deberán quedar compensadas en el plazo de doce meses desde que se produzcan.

3. Entre el final de una jornada y el comienzo de la siguiente mediarán, como mínimo, doce horas.

El número de horas ordinarias de trabajo efectivo no podrá ser superior a nueve diarias, salvo que por convenio colectivo o, en su defecto, acuerdo entre la empresa y los representantes de los trabajadores, se establezca otra distribución del tiempo de trabajo diario, respetando en todo caso el descanso entre jornadas. [167]

Los trabajadores menores de dieciocho años no podrán realizar más de ocho horas diarias de trabajo efectivo, incluyendo, en su caso, el tiempo dedicado a la formación y, si trabajasen para varios empleadores, las horas realizadas con cada uno de ellos. [168]

4. Siempre que la duración de la jornada diaria continuada exceda de seis horas, deberá establecerse un periodo de descanso durante la misma de duración no inferior a quince minutos. Este periodo de descanso se considerará tiempo de trabajo efectivo cuando así esté establecido o se establezca por convenio colectivo o contrato de trabajo.

En el caso de los trabajadores menores de dieciocho años, el periodo de descanso tendrá una duración mínima de treinta minutos, y deberá establecerse siempre que la duración de la jornada diaria continuada exceda de cuatro horas y media.

5. El tiempo de trabajo se computará de modo que tanto al comienzo como al final de la jornada diaria el trabajador se encuentre en su puesto de trabajo.

6. Anualmente se elaborará por la empresa el calendario laboral, debiendo exponerse un ejemplar del mismo en un lugar visible de cada centro de trabajo. [169]

---

[167] Téngase en cuenta lo dispuesto en el art. 7.5 LISOS sobre infracciones en la jornada laboral

[168] Véanse art. 1.3 RD 1561/1995, de 21 septiembre, sobre Jornadas Especiales de Trabajo, art. 8 RD 1529/2012, de 8 noviembre, por el que se desarrolla el contrato para la formación y el aprendizaje y se establecen las bases de la formación profesional dual y O TAS/2307/2007, de 27 julio, por la que se desarrolla el RD 395/2007, de 23 marzo

[169] Téngase en cuenta lo dispuesto en la disp. adic. 3ª RD 1561/1995, de 21 septiembre, sobre Jornadas Especiales de Trabajo, y véase art. 6.1 LISOS

7. El Gobierno, a propuesta de la persona titular del Ministerio de Trabajo, Migraciones y Seguridad Social y previa consulta a las organizaciones sindicales y empresariales más representativas, podrá establecer ampliaciones o limitaciones en la ordenación y duración de la jornada de trabajo y de los descansos, así como especialidades en las obligaciones de registro de jornada, para aquellos sectores, trabajos y categorías profesionales que por sus peculiaridades así lo requieran. [170] [171]

8. Las personas trabajadoras tienen derecho a solicitar las adaptaciones de la duración y distribución de la jornada de trabajo, en la ordenación del tiempo de trabajo y en la forma de prestación, incluida la prestación de su trabajo a distancia, para hacer efectivo su derecho a la conciliación de la vida familiar y laboral. Dichas adaptaciones deberán ser razonables y proporcionadas en relación con las necesidades de la persona trabajadora y con las necesidades organizativas o productivas de la empresa. [172]

En el caso de que tengan hijos o hijas, las personas trabajadoras tienen derecho a efectuar dicha solicitud hasta que los hijos o hijas cumplan doce años.

Asimismo, tendrán ese derecho aquellas que tengan necesidades de cuidado respecto de los hijos e hijas mayores de doce años, el cónyuge o pareja de hecho, familiares por consanguinidad hasta el segundo grado de la persona trabajadora, así como de otras personas dependientes cuando, en este último caso, convivan en el mismo domicilio, y que por razones de edad, accidente o enfermedad no puedan valerse por sí mismos, debiendo justificar las circunstancias en las que fundamenta su petición.

En la negociación colectiva se podrán establecer, con respeto a lo dispuesto en este apartado, los términos de su ejercicio, que se acomodarán a criterios y sistemas que garanticen la ausencia de discriminación, tanto directa como indirecta, entre personas trabajadoras de uno y otro sexo. En su ausencia, la empresa, ante la solicitud de la persona trabajadora, abrirá un proceso de negociación con esta que tendrá

---

[170] Véase RD 1561/1995, de 21 septiembre, sobre Jornadas Especiales de Trabajo

[171] Dada nueva redacción apartado 7 por art. 10 apartado 1 de Real Decreto-Ley 8/2019 de 8 de marzo de 2019, con vigencia desde 13/03/2019

[172] Véase Dir. 2003/88/CE del Consejo, de 23 noviembre de 1993, relativa a determinados aspectos de la ordenación del tiempo de trabajo

que desarrollarse con la máxima celeridad y, en todo caso, durante un periodo máximo de quince días, presumiéndose su concesión si no concurre oposición motivada expresa en este plazo.

Finalizado el proceso de negociación, la empresa, por escrito, comunicará la aceptación de la petición. En caso contrario, planteará una propuesta alternativa que posibilite las necesidades de conciliación de la persona trabajadora o bien manifestará la negativa a su ejercicio. Cuando se plantee una propuesta alternativa o se deniegue la petición, se motivarán las razones objetivas en las que se sustenta la decisión.

La persona trabajadora tendrá derecho a regresar a la situación anterior a la adaptación una vez concluido el período acordado o previsto o cuando decaigan las causas que motivaron la solicitud.

En el resto de los supuestos, de concurrir un cambio de circunstancias que así lo justifique, la empresa sólo podrá denegar el regreso solicitado cuando existan razones objetivas motivadas para ello.

Lo dispuesto en los párrafos anteriores se entiende, en todo caso, sin perjuicio de los permisos a los que tenga derecho la persona trabajadora de acuerdo con lo establecido en el artículo 37 y 48 bis.

Las discrepancias surgidas entre la dirección de la empresa y la persona trabajadora serán resueltas por la jurisdicción social, a través del procedimiento establecido en el artículo 139 de la Ley 36/2011, de 10 de octubre, reguladora de la jurisdicción social. [173]

9. La empresa garantizará el registro diario de jornada, que deberá incluir el horario concreto de inicio y finalización de la jornada de trabajo de cada persona trabajadora, sin perjuicio de la flexibilidad horaria que se establece en este artículo.

Mediante negociación colectiva o acuerdo de empresa o, en su defecto, decisión del empresario previa consulta con los representantes legales de los trabajadores en la empresa, se organizará y documentará este registro de jornada. [174]

La empresa conservará los registros a que se refiere este precepto durante cuatro años y permanecerán a disposición de las personas tra-

---

[173] Dada nueva redacción apartado 8 por art. 127 apartado 2 de Real Decreto-Ley 5/2023 de 28 de junio de 2023, con vigencia desde 30/06/2023

[174] Téngase en cuanta que el registo de jornada establecido en este apartado será de aplicación a partir del 12 de mayo de 2019, conforme al apartado 4 de la disp final 6.ª RDL 8/2019 de 8 marzo

bajadoras, de sus representantes legales y de la Inspección de Trabajo y Seguridad Social. [175]

35. *Horas extraordinarias.* 1. Tendrán la consideración de horas extraordinarias aquellas horas de trabajo que se realicen sobre la duración máxima de la jornada ordinaria de trabajo, fijada de acuerdo con el artículo anterior. Mediante convenio colectivo o, en su defecto, contrato individual, se optará entre abonar las horas extraordinarias en la cuantía que se fije, que en ningún caso podrá ser inferior al valor de la hora ordinaria, o compensarlas por tiempos equivalentes de descanso retribuido. En ausencia de pacto al respecto, se entenderá que las horas extraordinarias realizadas deberán ser compensadas mediante descanso dentro de los cuatro meses siguientes a su realización. [176]

2. El número de horas extraordinarias no podrá ser superior a ochenta al año, salvo lo previsto en el apartado 3. Para los trabajadores que por la modalidad o duración de su contrato realizasen una jornada en cómputo anual inferior a la jornada general en la empresa, el número máximo anual de horas extraordinarias se reducirá en la misma proporción que exista entre tales jornadas. [177]

A los efectos de lo dispuesto en el párrafo anterior, no se computarán las horas extraordinarias que hayan sido compensadas mediante descanso dentro de los cuatro meses siguientes a su realización.

El Gobierno podrá suprimir o reducir el número máximo de horas extraordinarias por tiempo determinado, con carácter general o para ciertas ramas de actividad o ámbitos territoriales, para incrementar las oportunidades de colocación de los trabajadores en situación de desempleo. [178]

3. No se tendrá en cuenta, a efectos de la duración máxima de la jornada ordinaria laboral, ni para el cómputo del número máximo de las horas extraordinarias autorizadas, el exceso de las trabajadas para

---

[175] Añadido apartado 9 por art. 10 apartado 2 de Real Decreto-Ley 8/2019 de 8 de marzo de 2019, con vigencia desde 13/03/2019

[176] Véase art. 15.1 d) Ley 31/1995, de 8 noviembre, de Prevención de Riesgos Laborales

[177] Véase RD 1561/1995, de 21 septiembre, sobre Jornadas Especiales de Trabajo

[178] Véanse arts. 6.3 y 12.4 y 5 de la presente Ley

prevenir o reparar siniestros y otros daños extraordinarios y urgentes, sin perjuicio de su compensación como horas extraordinarias. [179]

4. La prestación de trabajo en horas extraordinarias será voluntaria, salvo que su realización se haya pactado en convenio colectivo o contrato individual de trabajo, dentro de los límites del apartado 2.

5. A efectos del cómputo de horas extraordinarias, la jornada de cada trabajador se registrará día a día y se totalizará en el periodo fijado para el abono de las retribuciones, entregando copia del resumen al trabajador en el recibo correspondiente. [180]

36. *Trabajo nocturno, trabajo a turnos y ritmo de trabajo.* 1. A los efectos de lo dispuesto en esta ley, se considera trabajo nocturno el realizado entre las diez de la noche y las seis de la mañana. El empresario que recurra regularmente a la realización de trabajo nocturno deberá informar de ello a la autoridad laboral.

La jornada de trabajo de los trabajadores nocturnos no podrá exceder de ocho horas diarias de promedio, en un periodo de referencia de quince días. Dichos trabajadores no podrán realizar horas extraordinarias.

Para la aplicación de lo dispuesto en el párrafo anterior, se considerará trabajador nocturno a aquel que realice normalmente en periodo nocturno una parte no inferior a tres horas de su jornada diaria de trabajo, así como a aquel que se prevea que puede realizar en tal periodo una parte no inferior a un tercio de su jornada de trabajo anual.

Resultará de aplicación a lo establecido en el párrafo segundo lo dispuesto en el artículo 34.7. Igualmente, el Gobierno podrá establecer limitaciones y garantías adicionales a las previstas en el presente artículo para la realización de trabajo nocturno en ciertas actividades o por determinada categoría de trabajadores, en función de los riesgos que comporten para su salud y seguridad. [181]

2. El trabajo nocturno tendrá una retribución específica que se determinará en la negociación colectiva, salvo que el salario se haya

---

[179] Véase art. 14.4 c) de la presente Ley
[180] Véase art. 32 de la presente Ley
[181] Véase art. 32 RD 1561/1995, de 21 septiembre, sobre Jornadas Especiales de Trabajo

establecido atendiendo a que el trabajo sea nocturno por su propia naturaleza o se haya acordado la compensación de este trabajo por descansos.

3. Se considera trabajo a turnos toda forma de organización del trabajo en equipo según la cual los trabajadores ocupan sucesivamente los mismos puestos de trabajo, según un cierto ritmo, continuo o discontinuo, implicando para el trabajador la necesidad de prestar sus servicios en horas diferentes en un período determinado de días o de semanas.

En las empresas con procesos productivos continuos durante las veinticuatro horas del día, en la organización del trabajo de los turnos se tendrá en cuenta la rotación de los mismos y que ningún trabajador esté en el de noche más de dos semanas consecutivas, salvo adscripción voluntaria.

Las empresas que por la naturaleza de su actividad realicen el trabajo en régimen de turnos, incluidos los domingos y días festivos, podrán efectuarlo bien por equipos de trabajadores que desarrollen su actividad por semanas completas, o contratando personal para completar los equipos necesarios durante uno o más días a la semana. [182]

4. Los trabajadores nocturnos y quienes trabajen a turnos deberán gozar en todo momento de un nivel de protección en materia de salud y seguridad adaptado a la naturaleza de su trabajo, y equivalente al de los restantes trabajadores de la empresa.

El empresario deberá garantizar que los trabajadores nocturnos que ocupe dispongan de una evaluación gratuita de su estado de salud, antes de su afectación a un trabajo nocturno y, posteriormente, a intervalos regulares, en los términos establecidos en la Ley 31/1995, de 8 de noviembre, de Prevención de Riesgos Laborales, y en sus normas de desarrollo. Los trabajadores nocturnos a los que se reconozcan problemas de salud ligados al hecho de su trabajo nocturno tendrán derecho a ser destinados a un puesto de trabajo diurno que exista en la empresa y para el que sean profesionalmente aptos. El cambio de puesto de trabajo se llevará a cabo de conformidad con lo dispuesto en los artículos 39 y 41, en su caso, de la presente ley. [183]

---

[182] Véase art. 19 RD 1561/1995, de 21 septiembre, sobre Jornadas Especiales de Trabajo

[183] Véase art. 15.1 d) Ley 31/1995, de 8 noviembre, de Prevención de Riesgos Laborales

5. El empresario que organice el trabajo en la empresa según un cierto ritmo deberá tener en cuenta el principio general de adaptación del trabajo a la persona, especialmente de cara a atenuar el trabajo monótono y repetitivo en función del tipo de actividad y de las exigencias en materia de seguridad y salud de los trabajadores. Dichas exigencias deberán ser tenidas particularmente en cuenta a la hora de determinar los periodos de descanso durante la jornada de trabajo. [184]

37. *Descanso semanal, fiestas y permisos.* 1. Los trabajadores tendrán derecho a un descanso mínimo semanal, acumulable por periodos de hasta catorce días, de día y medio ininterrumpido que, como regla general, comprenderá la tarde del sábado o, en su caso, la mañana del lunes y el día completo del domingo. La duración del descanso semanal de los menores de dieciocho años será, como mínimo, de dos días ininterrumpidos. [185]

Resultará de aplicación al descanso semanal lo dispuesto en el artículo 34.7 en cuanto a ampliaciones y reducciones, así como para la fijación de regímenes de descanso alternativos para actividades concretas. [186]

2. Las fiestas laborales, que tendrán carácter retribuido y no recuperable, no podrán exceder de catorce al año, de las cuales dos serán locales. En cualquier caso se respetarán como fiestas de ámbito nacional las de la Natividad del Señor, Año Nuevo, 1 de mayo, como Fiesta del Trabajo, y 12 de octubre, como Fiesta Nacional de España. [187]

Respetando las expresadas en el párrafo anterior, el Gobierno podrá trasladar a los lunes todas las fiestas de ámbito nacional que tengan lugar entre semana, siendo, en todo caso, objeto de traslado al lunes

[184] Véase art. 6.2 de la presente Ley
[185] Véanse art. 12.1 Ley 25/1992, de 10 noviembre, por la que se aprueba el Acuerdo de Cooperación del Estado con la Federación de Comunidades Israelitas de España y art. 12.1 Ley 26/1992, de 10 noviembre, por la que se aprueba el Acuerdo de Cooperación del Estado con la Comisión Islámica de España
[186] Véase RD 1561/1995, de 21 septiembre, sobre Jornadas Especiales de Trabajo
[187] Véase Res. de 9 de octubre de 2017, de la Dirección General de Empleo, por la que se publica la relación de fiestas laborales para el año 2018

inmediatamente posterior el descanso laboral correspondiente a las fiestas que coincidan con domingo. [188]

Las comunidades autónomas, dentro del límite anual de catorce días festivos, podrán señalar aquellas fiestas que por tradición les sean propias, sustituyendo para ello las de ámbito nacional que se determinen reglamentariamente y, en todo caso, las que se trasladen a lunes. Asimismo, podrán hacer uso de la facultad de traslado a lunes prevista en el párrafo anterior.

Si alguna comunidad autónoma no pudiera establecer una de sus fiestas tradicionales por no coincidir con domingo un suficiente número de fiestas nacionales podrá, en el año que así ocurra, añadir una fiesta más, con carácter de recuperable, al máximo de catorce. [189]

3. La persona trabajadora, previo aviso y justificación, podrá ausentarse del trabajo, con derecho a remuneración, por alguno de los motivos y por el tiempo siguiente: [190]

a) Quince días naturales en caso de matrimonio o registro de pareja de hecho. [191] [192]

b) Cinco días por accidente o enfermedad graves, hospitalización o intervención quirúrgica sin hospitalización que precise reposo domiciliario del cónyuge, pareja de hecho o parientes hasta el segundo grado por consanguineidad o afinidad, incluido el familiar consanguíneo de la pareja a de hecho, así como de cualquier otra persona distinta de las anteriores, que conviva con la persona trabajadora en el mismo domicilio y que requiera el cuidado efectivo de aquella. [193] [194]

---

[188] Véase art. 45 RD 2001/1983, de 28 de julio, sobre Regulación de la Jornada de Trabajo, Jornadas Especiales y Descansos

[189] Véanse art. 12.2 Ley 25/1992, de 10 noviembre, por la que se aprueba el Acuerdo de Cooperación del Estado con la Federación de Comunidades Israelitas de España y art. 12.2 Ley 26/1992, de 10 noviembre, por la que se aprueba el Acuerdo de Cooperación del Estado con la Comisión Islámica de España

[190] Dada nueva redacción apartado 3 párrafo 1 por art. 127 apartado 3 de Real Decreto-Ley 5/2023 de 28 de junio de 2023, con vigencia desde 30/06/2023

[191] Téngase en cuenta lo dispuesto en el art. 44 CC

[192] Dada nueva redacción apartado 3 apartado a por art. 127 apartado 3 de Real Decreto-Ley 5/2023 de 28 de junio de 2023, con vigencia desde 30/06/2023

[193] Véase art. 48.1 a) Ley 7/2007, de 12 abril, del Estatuto Básico del Empleado Público

[194] Dada nueva redacción apartado 3 apartado b por art. 127 apartado 3 de Real Decreto-Ley 5/2023 de 28 de junio de 2023, con vigencia desde 30/06/2023

b bis) Dos días por el fallecimiento del cónyuge, pareja de hecho o parientes hasta el segundo grado de consanguinidad o afinidad. Cuando con tal motivo la persona trabajadora necesite hacer un desplazamiento al efecto, el plazo se ampliará en dos días. [195]

c) Un día por traslado del domicilio habitual.

d) Por el tiempo indispensable, para el cumplimiento de un deber inexcusable de carácter público y personal, comprendido el ejercicio del sufragio activo. Cuando conste en una norma legal o convencional un periodo determinado, se estará a lo que esta disponga en cuanto a duración de la ausencia y a su compensación económica.

Cuando el cumplimiento del deber antes referido suponga la imposibilidad de la prestación del trabajo debido en más del veinte por ciento de las horas laborables en un periodo de tres meses, podrá la empresa pasar al trabajador afectado a la situación de excedencia regulada en el artículo 46.1.

En el supuesto de que el trabajador, por cumplimiento del deber o desempeño del cargo, perciba una indemnización, se descontará el importe de la misma del salario a que tuviera derecho en la empresa.

e) Para realizar funciones sindicales o de representación del personal en los términos establecidos legal o convencionalmente. [196]

f) Por el tiempo indispensable para la realización de exámenes prenatales y técnicas de preparación al parto y, en los casos de adopción, guarda con fines de adopción o acogimiento, para la asistencia a las preceptivas sesiones de información y preparación y para la realización de los preceptivos informes psicológicos y sociales previos a la declaración de idoneidad, siempre, en todos los casos, que deban tener lugar dentro de la jornada de trabajo. [197]

---

[195] Añadido apartado 3 apartado b bis por art. 127 apartado 3 de Real Decreto-Ley 5/2023 de 28 de junio de 2023, con vigencia desde 30/06/2023

[196] Véanse arts. 9.1 a), 9.2 y 10.3 LOLS, art. 37 Ley 31/1995, de 8 noviembre, de Prevención de Riesgos Laborales, y art. 68 c) de la presente Ley

[197] Téngase en cuenta lo dispuesto en la O APU/3902/2005, de 15 diciembre, por la que se dispone la publicación del Acuerdo de la Mesa General de Negociación por el que se establecen medidas retributivas y para la mejora de las condiciones de trabajo y la profesionalización de los empleados públicos, Res. de 28 de diciembre de 2012, de la Secretaría de Estado de Administraciones Públicas, por la que se dictan instrucciones sobre jornada y horarios de trabajo del personal al servicio de la Administración General del Estado y sus organismos públicos y art. 51 RDLeg. 5/2015, de 30 de octubre, texto refundido de la Ley del Estatuto Básico del Empleado Público

g) Hasta cuatro días por imposibilidad de acceder al centro de trabajo o transitar por las vías de circulación necesarias para acudir al mismo, como consecuencia de las recomendaciones, limitaciones o prohibiciones al desplazamiento establecidas por las autoridades competentes, así como cuando concurra una situación de riesgo grave e inminente, incluidas las derivadas de una catástrofe o fenómeno meteorológico adverso. Transcurridos los cuatro días, el permiso se prolongará hasta que desaparezcan las circunstancias que lo justificaron, sin perjuicio de la posibilidad de la empresa de aplicar una suspensión del contrato de trabajo o una reducción de jornada derivada de fuerza mayor en los términos previstos en el artículo 47.6.

Cuando la naturaleza de la prestación laboral sea compatible con el trabajo a distancia y el estado de las redes de comunicación permita su desarrollo, la empresa podrá establecerlo, observando el resto de las obligaciones formales y materiales recogidas en la Ley 10/2021, de 9 de julio, de trabajo a distancia, y, en particular, el suministro de medios, equipos y herramientas adecuados. [198]

g) (*sic*) Por el tiempo indispensable para la realización de los actos preparatorios de la donación de órganos o tejidos siempre que deban tener lugar dentro de la jornada de trabajo. [199]

4. En los supuestos de nacimiento, adopción, guarda con fines de adopción o acogimiento, de acuerdo con el artículo 45.1.d), las personas trabajadoras tendrán derecho a una hora de ausencia del trabajo, que podrán dividir en dos fracciones, para el cuidado del lactante hasta que este cumpla nueve meses. La duración del permiso se incrementará proporcionalmente en los casos de nacimiento, adopción, guarda con fines de adopción o acogimiento múltiples. [200]

Quien ejerza este derecho, por su voluntad, podrá sustituirlo por una reducción de su jornada en media hora con la misma finalidad o acumularlo en jornadas completas.

La reducción de jornada contemplada en este apartado constituye un derecho individual de las personas trabajadoras sin que pueda

---

[198] Añadido apartado 3 apartado g por disposición final 2 apartado 1 de Real Decreto-Ley 8/2024 de 28 de noviembre de 2024, con vigencia desde 30/11/2024

[199] Añadido apartado 3 apartado g bis por art. 2 de Ley 6/2024 de 20 de diciembre de 2024, con vigencia desde 03/03/2025

[200] Véase disp. adic. 1ª.7 RD 295/2009, de 6 de marzo, por el que se regulan las prestaciones económicas del sistema de la Seguridad Social por maternidad, paternidad, riesgo durante el embarazo y riesgo durante la lactancia natural

transferirse su ejercicio a la otra persona progenitora, adoptante, guardadora o acogedora. No obstante, si dos personas trabajadoras de la misma empresa ejercen este derecho por el mismo sujeto causante, podrá limitarse su ejercicio simultáneo por razones fundadas y objetivas de funcionamiento de la empresa, debidamente motivadas por escrito, debiendo en tal caso la empresa ofrecer un plan alternativo que asegure el disfrute de ambas personas trabajadoras y que posibilite el ejercicio de los derechos de conciliación.

Cuando ambas personas progenitoras, adoptantes, guardadoras o acogedoras ejerzan este derecho con la misma duración y régimen, el periodo de disfrute podrá extenderse hasta que el lactante cumpla doce meses, con reducción proporcional del salario a partir del cumplimiento de los nueve meses. [201] [202]

5. Las personas trabajadoras tendrán derecho a ausentarse del trabajo durante una hora en el caso de nacimiento prematuro de hijo o hija, o que, por cualquier causa, deban permanecer hospitalizados a continuación del parto. Asimismo, tendrán derecho a reducir su jornada de trabajo hasta un máximo de dos horas, con la disminución proporcional del salario. Para el disfrute de este permiso se estará a lo previsto en el apartado 7. [203]

6. Quien por razones de guarda legal tenga a su cuidado directo algún menor de doce años o una persona con discapacidad que no desempeñe una actividad retribuida tendrá derecho a una reducción de la jornada de trabajo diaria, con la disminución proporcional del salario entre, al menos, un octavo y un máximo de la mitad de la duración de aquella. [204]

Tendrá el mismo derecho quien precise encargarse del cuidado directo del cónyuge o pareja de hecho, o un familiar hasta el segundo grado de consanguinidad y afinidad, incluido el familiar consanguíneo de la pareja de hecho, que por razones de edad, accidente o enferme-

---

[201] Véanse arts. 48.1 f) y 51 RDLeg. 5/2015, de 30 de octubre, texto refundido de la Ley del Estatuto Básico del Empleado Público

[202] Dada nueva redacción apartado 4 por art. 1 apartado 1 de Real Decreto-Ley 2/2024 de 21 de mayo de 2024, con vigencia desde 23/05/2024

[203] Dada nueva redacción apartado 5 por art. 2 apartado 9 de Real Decreto-Ley 6/2019 de 1 de marzo de 2019, con vigencia desde 08/03/2019

[204] Véanse arts. 48.1 h) e i) y 51 RDLeg. 5/2015, de 30 de octubre, texto refundido de la Ley del Estatuto Básico del Empleado Público

dad no pueda valerse por sí mismo, y que no desempeñe actividad retribuida.

El progenitor, guardador con fines de adopción o acogedor permanente tendrá derecho a una reducción de la jornada de trabajo, con la disminución proporcional del salario de, al menos, la mitad de la duración de aquella, para el cuidado, durante la hospitalización y tratamiento continuado, del menor a su cargo afectado por cáncer (tumores malignos, melanomas y carcinomas), o por cualquier otra enfermedad grave, que implique un ingreso hospitalario de larga duración y requiera la necesidad de su cuidado directo, continuo y permanente, acreditado por el informe del servicio público de salud u órgano administrativo sanitario de la comunidad autónoma correspondiente y, como máximo, hasta que el hijo o persona que hubiere sido objeto de acogimiento permanente o de guarda con fines de adopción cumpla los veintitrés años.

En consecuencia, el mero cumplimiento de los dieciocho años de edad por el hijo o el menor sujeto a acogimiento permanente o a guarda con fines de adopción no será causa de extinción de la reducción de la jornada, si se mantiene la necesidad de cuidado directo, continuo y permanente.

No obstante, cumplidos los 18 años, se podrá reconocer el derecho a la reducción de jornada hasta que el causante cumpla 23 años en los supuestos en que el padecimiento de cáncer o enfermedad grave haya sido diagnosticado antes de alcanzar la mayoría de edad, siempre que en el momento de la solicitud se acrediten los requisitos establecidos en los párrafos anteriores, salvo la edad.

Asimismo, se mantendrá el derecho a esta reducción hasta que la persona cumpla 26 años si antes de alcanzar 23 años acreditara, además, un grado de discapacidad igual o superior al 65 por ciento. [205]

Por convenio colectivo, se podrán establecer las condiciones y supuestos en los que esta reducción de jornada se podrá acumular en jornadas completas.

En los supuestos de nulidad, separación, divorcio, extinción de la pareja de hecho o cuando se acredite ser víctima de violencia de

[205] Téngase en cuenta que aquellas personas que hayan visto extinguida una reducción de la jornada disfrutada en virtud de este apartado por haber cumplido la persona objeto de cuidados 23 años de edad antes del 1 abril 2023, podrán volver a solicitarla si se cumplen las condiciones establecidas en la disp. trans. 5.ª RDL 2/2023 de 16 marzo

género, el derecho a la reducción de jornada se reconocerá a favor del progenitor, guardador o acogedor con quien conviva la persona enferma, siempre que cumpla el resto de los requisitos exigidos.

Cuando la persona enferma que se encuentre en los supuestos previstos en los párrafos tercero y cuarto de este apartado contraiga matrimonio o constituya una pareja de hecho, tendrá derecho a la reducción de jornada quien sea su cónyuge o pareja de hecho, siempre que acredite las condiciones para acceder al derecho a la misma.

Las reducciones de jornada contempladas en este apartado constituyen un derecho individual de los trabajadores, hombres o mujeres. No obstante, si dos o más trabajadores de la misma empresa generasen este derecho por el mismo sujeto causante, el empresario podrá limitar su ejercicio simultáneo por razones fundadas y objetivas de funcionamiento de la empresa, debidamente motivadas por escrito, debiendo en tal caso la empresa ofrecer un plan alternativo que asegure el disfrute de ambas personas trabajadoras y que posibilite el ejercicio de los derechos de conciliación. [206]

En el ejercicio de este derecho se tendrá en cuenta el fomento de la corresponsabilidad entre mujeres y hombres y, asimismo, evitar la perpetuación de roles y estereotipos de género. [207]

7. La concreción horaria y la determinación de los permisos y reducciones de jornada, previstos en los apartados 4, 5 y 6, corresponderán a la persona trabajadora dentro de su jornada ordinaria. No obstante, los convenios colectivos podrán establecer criterios para la concreción horaria de la reducción de jornada a que se refiere el apartado 6, en atención a los derechos de conciliación de la vida personal, familiar y laboral de la persona trabajadora y las necesidades productivas y organizativas de las empresas. La persona trabajadora, salvo fuerza mayor, deberá preavisar al empresario con una antelación de quince días o la que se determine en el convenio colectivo aplicable, precisando la fecha en que iniciará y finalizará el permiso de cuidado del lactante o la reducción de jornada.

---

[206] Téngase en cuenta lo dispuesto en la disp. adic. 1ª.7 RD 295/2009, de 6 de marzo, por el que se regulan las prestaciones económicas del sistema de la Seguridad Social por maternidad, paternidad, riesgo durante el embarazo y riesgo durante la lactancia natural

[207] Dada nueva redacción apartado 6 por art. 127 apartado 3 de Real Decreto-Ley 5/2023 de 28 de junio de 2023, con vigencia desde 30/06/2023

Las discrepancias surgidas entre empresario y trabajador sobre la concreción horaria y la determinación de los periodos de disfrute previstos en los apartados 4, 5 y 6 serán resueltas por la jurisdicción social a través del procedimiento establecido en el artículo 139 de la Ley 36/2011, de 10 de octubre, Reguladora de la Jurisdicción Social. [208]

8. Las personas trabajadoras que tengan la consideración de víctimas de violencia de género, de violencia sexual o de víctimas del terrorismo tendrán derecho, para hacer efectiva su protección o su derecho a la asistencia social integral, a la reducción de la jornada de trabajo con disminución proporcional del salario o a la reordenación del tiempo de trabajo, a través de la adaptación del horario, de la aplicación del horario flexible o de otras formas de ordenación del tiempo de trabajo que se utilicen en la empresa. También tendrán derecho a realizar su trabajo total o parcialmente a distancia o a dejar de hacerlo si este fuera el sistema establecido, siempre en ambos casos que esta modalidad de prestación de servicios sea compatible con el puesto y funciones desarrolladas por la persona. [209]

Estos derechos se podrán ejercitar en los términos que para estos supuestos concretos se establezcan en los convenios colectivos o en los acuerdos entre la empresa y los representantes legales de las personas trabajadoras, o conforme al acuerdo entre la empresa y las personas trabajadoras afectadas. En su defecto, la concreción de estos derechos corresponderá a estas, siendo de aplicación las reglas establecidas en el apartado anterior, incluidas las relativas a la resolución de discrepancias. [210] [211]

9. La persona trabajadora tendrá derecho a ausentarse del trabajo por causa de fuerza mayor cuando sea necesario por motivos familiares urgentes relacionados con familiares o personas convivientes, en caso de enfermedad o accidente que hagan indispensable su presencia inmediata.

---

[208] Dada nueva redacción apartado 7 por art. 2 apartado 9 de Real Decreto-Ley 6/2019 de 1 de marzo de 2019, con vigencia desde 08/03/2019

[209] Dada nueva redacción apartado 8 párrafo 1 por disposición final 9 apartado 1 de Ley Orgánica 2/2024 de 1 de agosto de 2024, con vigencia desde 22/08/2024

[210] Véanse arts. 49 d) y 51 RDLeg. 5/2015, de 30 de octubre, texto refundido de la Ley del Estatuto Básico del Empleado Público

[211] Dada nueva redacción apartado 8 por disposición final 14 apartado 5 de Ley 4/2023 de 28 de febrero de 2023, con vigencia desde 02/03/2023

Las personas trabajadoras tendrán derecho a que sean retribuidas las horas de ausencia por las causas previstas en el presente apartado equivalentes a cuatro días al año, conforme a lo establecido en convenio colectivo o, en su defecto, en acuerdo entre la empresa y la representación legal de las personas trabajadoras aportando las personas trabajadoras, en su caso, acreditación del motivo de ausencia. [212]

38. *Vacaciones anuales.* 1. El periodo de vacaciones anuales retribuidas, no sustituible por compensación económica, será el pactado en convenio colectivo o contrato individual. En ningún caso la duración será inferior a treinta días naturales. [213]

2. El periodo o periodos de su disfrute se fijará de común acuerdo entre el empresario y el trabajador, de conformidad con lo establecido en su caso en los convenios colectivos sobre planificación anual de las vacaciones.

En caso de desacuerdo entre las partes, la jurisdicción social fijará la fecha que para el disfrute corresponda y su decisión será irrecurrible. El procedimiento será sumario y preferente. [214]

3. El calendario de vacaciones se fijará en cada empresa. El trabajador conocerá las fechas que le correspondan dos meses antes, al menos, del comienzo del disfrute.

Cuando el periodo de vacaciones fijado en el calendario de vacaciones de la empresa al que se refiere el párrafo anterior coincida en el tiempo con una incapacidad temporal derivada del embarazo, el parto o la lactancia natural o con el periodo de suspensión del contrato de trabajo previsto en los apartados 4, 5 y 7 del artículo 48, se tendrá derecho a disfrutar las vacaciones en fecha distinta a la de la incapacidad temporal o a la del disfrute del permiso que por aplicación de dicho precepto le correspondiera, al finalizar el periodo de suspensión, aunque haya terminado el año natural a que correspondan.

---

[212] Añadido apartado 9 por art. 127 apartado 3 de Real Decreto-Ley 5/2023 de 28 de junio de 2023, con vigencia desde 30/06/2023

[213] Téngase en cuenta lo dispuesto en los arts. 166.1 y 2, 268.3 y 269.4 LGSS, sobre la incidencia de las vacaciones no disfrutadas en la fijación del inicio del derecho a prestaciones por desempleo, y véanse arts. 50 y 51 RDLeg. 5/2015, de 30 de octubre, texto refundido de la Ley del Estatuto Básico del Empleado Público

[214] Véanse arts. 125 y 126 LRJS

En el supuesto de que el periodo de vacaciones coincida con una incapacidad temporal por contingencias distintas a las señaladas en el párrafo anterior que imposibilite al trabajador disfrutarlas, total o parcialmente, durante el año natural a que corresponden, el trabajador podrá hacerlo una vez finalice su incapacidad y siempre que no hayan transcurrido más de dieciocho meses a partir del final del año en que se hayan originado. [215]

CAPÍTULO III
Modificación, suspensión y extinción del contrato de trabajo

Sección 1ª
Movilidad funcional y geográfica

39. *Movilidad funcional.* 1. La movilidad funcional en la empresa se efectuará de acuerdo a las titulaciones académicas o profesionales precisas para ejercer la prestación laboral y con respeto a la dignidad del trabajador. [216]

2. La movilidad funcional para la realización de funciones, tanto superiores como inferiores, no correspondientes al grupo profesional solo será posible si existen, además, razones técnicas u organizativas que la justifiquen y por el tiempo imprescindible para su atención. El empresario deberá comunicar su decisión y las razones de esta a los representantes de los trabajadores.

En el caso de encomienda de funciones superiores a las del grupo profesional por un periodo superior a seis meses durante un año u ocho durante dos años, el trabajador podrá reclamar el ascenso, si a ello no obsta lo dispuesto en convenio colectivo o, en todo caso, la cobertura de la vacante correspondiente a las funciones por él realizadas conforme a las reglas en materia de ascensos aplicables en la empresa,

---

[215] Véase Convenio 132 OIT, de 24 junio 1970, relativo a las vacaciones anuales pagadas

[216] Véanse LO 5/2002, de 19 junio, de las Cualificaciones y de la Formación Profesional y arts. 83 y cc. RDLeg. 5/2015, de 30 de octubre, texto refundido de la Ley del Estatuto Básico del Empleado Público

sin perjuicio de reclamar la diferencia salarial correspondiente. Estas acciones serán acumulables. Contra la negativa de la empresa, y previo informe del comité o, en su caso, de los delegados de personal, el trabajador podrá reclamar ante la jurisdicción social. Mediante la negociación colectiva se podrán establecer periodos distintos de los expresados en este artículo a efectos de reclamar la cobertura de vacantes.

3. El trabajador tendrá derecho a la retribución correspondiente a las funciones que efectivamente realice, salvo en los casos de encomienda de funciones inferiores, en los que mantendrá la retribución de origen. No cabrá invocar como causa de despido objetivo la ineptitud sobrevenida o la falta de adaptación en los supuestos de realización de funciones distintas de las habituales como consecuencia de la movilidad funcional.

4. El cambio de funciones distintas de las pactadas no incluido en los supuestos previstos en este artículo requerirá el acuerdo de las partes o, en su defecto, el sometimiento a las reglas previstas para las modificaciones sustanciales de condiciones de trabajo o a las que a tal fin se hubieran establecido en convenio colectivo.

40. *Movilidad geográfica.* 1. El traslado de trabajadores que no hayan sido contratados específicamente para prestar sus servicios en empresas con centros de trabajo móviles o itinerantes a un centro de trabajo distinto de la misma empresa que exija cambios de residencia requerirá la existencia de razones económicas, técnicas, organizativas o de producción que lo justifiquen. Se consideraran tales las que estén relacionadas con la competitividad, productividad u organización técnica o del trabajo en la empresa, así como las contrataciones referidas a la actividad empresarial. [217]

La decisión de traslado deberá ser notificada por el empresario al trabajador, así como a sus representantes legales, con una antelación mínima de treinta días a la fecha de su efectividad.

Notificada la decisión de traslado, el trabajador tendrá derecho a optar entre el traslado, percibiendo una compensación por gastos, o

[217] Véase art. 14 RD 782/2001, de 6 julio, por el que se regula la relación laboral de carácter especial de los penados que realicen actividades laborales en talleres penitenciarios y la protección de Seguridad Social de los sometidos a penas de trabajo en beneficio de la comunidad

la extinción de su contrato, percibiendo una indemnización de veinte días de salario por año de servicio, prorrateándose por meses los periodos de tiempo inferiores a un año y con un máximo de doce mensualidades. La compensación a que se refiere el primer supuesto comprenderá tanto los gastos propios como los de los familiares a su cargo, en los términos que se convengan entre las partes, y nunca será inferior a los límites mínimos establecidos en los convenios colectivos. [218]

Sin perjuicio de la ejecutividad del traslado en el plazo de incorporación citado, el trabajador que,no habiendo optado por la extinción de su contrato,se muestre disconforme con la decisión empresarial podrá impugnarla ante la jurisdicción social. La sentencia declarará el traslado justificado o injustificado y, en este último caso, reconocerá el derecho del trabajador a ser reincorporado al centro de trabajo de origen. [219]

Cuando, con objeto de eludir las previsiones contenidas en el apartado siguiente, la empresa realice traslados en periodos sucesivos de noventa días en número inferior a los umbrales allí señalados, sin que concurran causas nuevas que justifiquen tal actuación, dichos nuevos traslados se considerarán efectuados en fraude de ley y serán declarados nulos y sin efecto. [220]

2. El traslado a que se refiere el apartado anterior deberá ir precedido de un periodo de consultas con los representantes legales de los trabajadores de una duración no superior a quince días, cuando afecte a la totalidad del centro de trabajo, siempre que este ocupe a más de cinco trabajadores, o cuando, sin afectar a la totalidad del centro de trabajo, en un periodo de noventa días comprenda a un número de trabajadores de, al menos: [221]

a) Diez trabajadores, en las empresas que ocupen menos de cien trabajadores.

b) El diez por ciento del número de trabajadores de la empresa en aquellas que ocupen entre cien y trescientos trabajadores.

---

[218] Véase art. 44 Ley 22/2003, de 9 julio, Concursal

[219] Véase art. 138 LRJS

[220] Véanse arts. 83 y cc. RDLeg. 5/2015, de 30 de octubre, texto refundido de la Ley del Estatuto Básico del Empleado Público

[221] Véase art. 64.1 de la presente Ley

c) Treinta trabajadores en las empresas que ocupen más de trescientos trabajadores.

Dicho periodo de consultas deberá versar sobre las causas motivadoras de la decisión empresarial y la posibilidad de evitar o reducir sus efectos, así como sobre las medidas necesarias para atenuar sus consecuencias para los trabajadores afectados. La consulta se llevará a cabo en una única comisión negociadora, si bien, de existir varios centros de trabajo, quedará circunscrita a los centros afectados por el procedimiento. La comisión negociadora estará integrada por un máximo de trece miembros en representación de cada una de las partes.

La intervención como interlocutores ante la dirección de la empresa en el procedimiento de consultas corresponderá a los sujetos indicados en el artículo 41.4, en el orden y condiciones señalados en el mismo.

La comisión representativa de los trabajadores deberá quedar constituida con carácter previo a la comunicación empresarial de inicio del procedimiento de consultas. A estos efectos, la dirección de la empresa deberá comunicar de manera fehaciente a los trabajadores o a sus representantes su intención de iniciar el procedimiento. El plazo máximo para la constitución de la comisión representativa será de siete días desde la fecha de la referida comunicación, salvo que alguno de los centros de trabajo que vaya a estar afectado por el procedimiento no cuente con representantes legales de los trabajadores, en cuyo caso el plazo será de quince días.

Transcurrido el plazo máximo para la constitución de la comisión representativa, la dirección de la empresa podrá comunicar el inicio del periodo de consultas a los representantes de los trabajadores. La falta de constitución de la comisión representativa no impedirá el inicio y transcurso del periodo de consultas, y su constitución con posterioridad al inicio del mismo no comportará, en ningún caso, la ampliación de su duración.

La apertura del periodo de consultas y las posiciones de las partes tras su conclusión deberán ser notificadas a la autoridad laboral para su conocimiento.

Durante el periodo de consultas, las partes deberán negociar de buena fe, con vistas a la consecución de un acuerdo. Dicho acuerdo requerirá la conformidad de la mayoría de los representantes legales de los trabajadores o, en su caso, de la mayoría de los miembros de la comisión representativa de los trabajadores siempre que, en ambos casos, representen a la mayoría de los trabajadores del centro o centros de trabajo afectados.

Tras la finalización del periodo de consultas el empresario notificará a los trabajadores su decisión sobre el traslado, que se regirá a todos los efectos por lo dispuesto en el apartado 1.

Contra las decisiones a que se refiere el presente apartado se podrá reclamar en conflicto colectivo, sin perjuicio de la acción individual prevista en el apartado 1. La interposición del conflicto paralizará la tramitación de las acciones individuales iniciadas, hasta su resolución. [222]

El acuerdo con los representantes de los trabajadores en el periodo de consultas se entenderá sin perjuicio del derecho de los trabajadores afectados al ejercicio de la opción prevista en el párrafo tercero del apartado 1.

El empresario y la representación de los trabajadores podrán acordar en cualquier momento la sustitución del periodo de consultas a que se refiere este apartado por la aplicación del procedimiento de mediación o arbitraje que sea de aplicación en el ámbito de la empresa, que deberá desarrollarse dentro del plazo máximo señalado para dicho periodo.

3. Si por traslado uno de los cónyuges cambia de residencia, el otro, si fuera trabajador de la misma empresa, tendrá derecho al traslado a la misma localidad, si hubiera puesto de trabajo. [223]

4. Las personas trabajadoras que tengan la consideración de víctimas de violencia de género, de víctimas de violencia sexual o de víctimas del terrorismo que se vean obligadas a abandonar el puesto de trabajo en la localidad donde venían prestando sus servicios, para hacer efectiva su protección o su derecho a la asistencia social integral, tendrán derecho preferente a ocupar otro puesto de trabajo, del mismo grupo profesional o categoría equivalente, que la empresa tenga vacante en cualquier otro de sus centros de trabajo.

En tales supuestos, la empresa estará obligada a comunicar a las personas trabajadoras las vacantes existentes en dicho momento o las que se pudieran producir en el futuro.

El traslado o el cambio de centro de trabajo tendrá una duración inicial de entre seis y doce meses, durante los cuales la empresa tendrá

[222] Véanse arts. 138 y 153 a 162 LRJS
[223] Téngase en cuenta lo dispuesto en el art. 44 CC

la obligación de reservar el puesto de trabajo que anteriormente ocupaban las personas trabajadoras.

Terminado este periodo, las personas trabajadoras podrán optar entre el regreso a su puesto de trabajo anterior o la continuidad en el nuevo, decayendo en este caso la obligación de reserva, o la extinción de su contrato, percibiendo una indemnización de veinte días de salario por año de servicio, prorrateándose por meses los periodos de tiempo inferiores a un año y con un máximo de doce mensualidades [224]. [225]

5. Para hacer efectivo su derecho de protección a la salud, los trabajadores con discapacidad que acrediten la necesidad de recibir fuera de su localidad un tratamiento de habilitación o rehabilitación médico-funcional o atención, tratamiento u orientación psicológica relacionado con su discapacidad, tendrán derecho preferente a ocupar otro puesto de trabajo, del mismo grupo profesional, que la empresa tuviera vacante en otro de sus centros de trabajo en una localidad en que sea más accesible dicho tratamiento, en los términos y condiciones establecidos en el apartado anterior para las trabajadoras víctimas de violencia de género o de violencia sexual y para las víctimas de terrorismo. [226]

6. Por razones económicas, técnicas, organizativas o de producción, o bien por contrataciones referidas a la actividad empresarial, la empresa podrá efectuar desplazamientos temporales de sus trabajadores que exijan que estos residan en población distinta de la de su domicilio habitual, abonando, además de los salarios, los gastos de viaje y las dietas.

El trabajador deberá ser informado del desplazamiento con una antelación suficiente a la fecha de su efectividad, que no podrá ser inferior a cinco días laborables en el caso de desplazamientos de duración superior a tres meses; en este último supuesto, el trabajador tendrá

---

[224] Véanse arts. 21 a 23 y disp. adic. 16ª LO 1/2004, de 28 diciembre, de Medidas de Protección Integral contra la Violencia de Género, disp. adic. 4ª RD 1146/2006, de 6 octubre, por el que se regula la relación laboral especial de residencia para la formación de especialistas en Ciencias de la Salud, y art. 82 RDLeg. 5/2015, de 30 de octubre, texto refundido de la Ley del Estatuto Básico del Empleado Público

[225] Dada nueva redacción apartado 4 por disposición final 9 apartado 2 de Ley Orgánica 2/2024 de 1 de agosto de 2024, con vigencia desde 22/08/2024

[226] Dada nueva redacción apartado 5 por disposición final 9 apartado 2 de Ley Orgánica 2/2024 de 1 de agosto de 2024, con vigencia desde 22/08/2024

derecho a un permiso de cuatro días laborables en su domicilio de origen por cada tres meses de desplazamiento, sin computar como tales los de viaje, cuyos gastos correrán a cargo del empresario.

Contra la orden de desplazamiento, sin perjuicio de su ejecutividad, podrá recurrir el trabajador en los mismos términos previstos en el apartado 1 para los traslados.

Los desplazamientos cuya duración en un periodo de tres años exceda de doce meses tendrán, a todos los efectos, el tratamiento previsto en esta ley para los traslados. [227]

7. Los representantes legales de los trabajadores tendrán prioridad de permanencia en los puestos de trabajo a que se refiere este artículo. Mediante convenio colectivo o acuerdo alcanzado durante el periodo de consultas se podrán establecer prioridades de permanencia a favor de trabajadores de otros colectivos, tales como trabajadores con cargas familiares, mayores de determinada edad o personas con discapacidad. [228]

41. *Modificaciones sustanciales de condiciones de trabajo.* 1. La dirección de la empresa podrá acordar modificaciones sustanciales de las condiciones de trabajo cuando existan probadas razones económicas, técnicas, organizativas o de producción. Se considerarán tales las que estén relacionadas con la competitividad, productividad u organización técnica o del trabajo en la empresa.

Tendrán la consideración de modificaciones sustanciales de las condiciones de trabajo, entre otras, las que afecten a las siguientes materias:

a) Jornada de trabajo. [229]

b) Horario y distribución del tiempo de trabajo.

c) Régimen de trabajo a turnos.

d) Sistema de remuneración y cuantía salarial.

e) Sistema de trabajo y rendimiento.

---

[227] Véase Ley 45/1999, de 29 noviembre, sobre el desplazamiento de trabajadores en el marco de una prestación de servicios transnacional

[228] Véase Dir. 96/71/CE del Parlamento Europeo y del Consejo, de 16 diciembre 1996, sobre el desplazamiento de trabajadores efectuado en el marco de una prestación de servicios

[229] Véase art. 12.4 e) de la presente Ley

f) Funciones, cuando excedan de los límites que para la movilidad funcional prevé el artículo 39. [230]

2. Las modificaciones sustanciales de las condiciones de trabajo podrán afectar a las condiciones reconocidas a los trabajadores en el contrato de trabajo, en acuerdos o pactos colectivos o disfrutadas por estos en virtud de una decisión unilateral del empresario de efectos colectivos.

Se considera de carácter colectivo la modificación que, en un periodo de noventa días, afecte al menos a:

a) Diez trabajadores, en las empresas que ocupen menos de cien trabajadores.

b) El diez por ciento del número de trabajadores de la empresa en aquellas que ocupen entre cien y trescientos trabajadores.

c) Treinta trabajadores, en las empresas que ocupen más de trescientos trabajadores.

Se considera de carácter individual la modificación que, en el periodo de referencia establecido, no alcance los umbrales señalados para las modificaciones colectivas.

3. La decisión de modificación sustancial de condiciones de trabajo de carácter individual deberá ser notificada por el empresario al trabajador afectado y a sus representantes legales con una antelación mínima de quince días a la fecha de su efectividad.

En los supuestos previstos en las letras a), b), c), d) y f) del apartado 1, si el trabajador resultase perjudicado por la modificación sustancial tendrá derecho a rescindir su contrato y percibir una indemnización de veinte días de salario por año de servicio prorrateándose por meses los periodos inferiores a un año y con un máximo de nueve meses.

Sin perjuicio de la ejecutividad de la modificación en el plazo de efectividad anteriormente citado, el trabajador que, no habiendo optado por la rescisión de su contrato, se muestre disconforme con la decisión empresarial podrá impugnarla ante la jurisdicción social. La sentencia declarará la modificación justificada o injustificada y, en este último caso, reconocerá el derecho del trabajador a ser repuesto en sus anteriores condiciones. [231]

---

[230] Véase art. 7.6 LISOS
[231] Véase art. 66 Ley 22/2003, de 9 julio, Concursal

Cuando con objeto de eludir las previsiones contenidas en el apartado siguiente, la empresa realice modificaciones sustanciales de las condiciones de trabajo en periodos sucesivos de noventa días en número inferior a los umbrales que establece el apartado 2 para las modificaciones colectivas, sin que concurran causas nuevas que justifiquen tal actuación, dichas nuevas modificaciones se considerarán efectuadas en fraude de ley y serán declaradas nulas y sin efecto. [232]

4. Sin perjuicio de los procedimientos específicos que puedan establecerse en la negociación colectiva, la decisión de modificación sustancial de condiciones de trabajo de carácter colectivo deberá ir precedida de un periodo de consultas con los representantes legales de los trabajadores, de duración no superior a quince días, que versará sobre las causas motivadoras de la decisión empresarial y la posibilidad de evitar o reducir sus efectos, así como sobre las medidas necesarias para atenuar sus consecuencias para los trabajadores afectados. La consulta se llevará a cabo en una única comisión negociadora, si bien, de existir varios centros de trabajo, quedará circunscrita a los centros afectados por el procedimiento. La comisión negociadora estará integrada por un máximo de trece miembros en representación de cada una de las partes. [233]

La intervención como interlocutores ante la dirección de la empresa en el procedimiento de consultas corresponderá a las secciones sindicales cuando estas así lo acuerden, siempre que tengan la representación mayoritaria en los comités de empresa o entre los delegados de personal de los centros de trabajo afectados, en cuyo caso representarán a todos los trabajadores de los centros afectados.

En defecto de lo previsto en el párrafo anterior, la intervención como interlocutores se regirá por las siguientes reglas:

a) Si el procedimiento afecta a un único centro de trabajo, corresponderá al comité de empresa o a los delegados de personal. En el supuesto de que en el centro de trabajo no exista representación legal de los trabajadores, estos podrán optar por atribuir su representación para la negociación del acuerdo, a su elección, a una comisión de un máximo de tres miembros integrada por trabajadores de la propia empresa y elegida por estos democráticamente o a una comisión de igual número de componentes designados, según su representatividad,

---

[232] Véase art. 64 Ley 22/2003, de 9 julio, Concursal
[233] Véase art. 64.1 de la presente Ley

por los sindicatos más representativos y representativos del sector al que pertenezca la empresa y que estuvieran legitimados para formar parte de la comisión negociadora del convenio colectivo de aplicación a la misma.

En el supuesto de que la negociación se realice con la comisión cuyos miembros sean designados por los sindicatos, el empresario podrá atribuir su representación a las organizaciones empresariales en las que estuviera integrado, pudiendo ser las mismas más representativas a nivel autonómico, y con independencia de que la organización en la que esté integrado tenga carácter intersectorial o sectorial.

b) Si el procedimiento afecta a más de un centro de trabajo, la intervención como interlocutores corresponderá:

En primer lugar, al comité intercentros, siempre que tenga atribuida esa función en el convenio colectivo en que se hubiera acordado su creación.

En otro caso, a una comisión representativa que se constituirá de acuerdo con las siguientes reglas:

1.ª Si todos los centros de trabajo afectados por el procedimiento cuentan con representantes legales de los trabajadores, la comisión estará integrada por estos.

2.ª Si alguno de los centros de trabajo afectados cuenta con representantes legales de los trabajadores y otros no, la comisión estará integrada únicamente por representantes legales de los trabajadores de los centros que cuenten con dichos representantes. Y ello salvo que los trabajadores de los centros que no cuenten con representantes legales opten por designar la comisión a que se refiere la letra a), en cuyo caso la comisión representativa estará integrada conjuntamente por representantes legales de los trabajadores y por miembros de las comisiones previstas en dicho párrafo, en proporción al número de trabajadores que representen.

En el supuesto de que uno o varios centros de trabajo afectados por el procedimiento que no cuenten con representantes legales de los trabajadores opten por no designar la comisión de la letra a), se asignará su representación a los representantes legales de los trabajadores de los centros de trabajo afectados que cuenten con ellos, en proporción al número de trabajadores que representen.

3.ª Si ninguno de los centros de trabajo afectados por el procedimiento cuenta con representantes legales de los trabajadores, la comisión representativa estará integrada por quienes sean elegidos por y entre los miembros de las comisiones designadas en los centros de trabajo afectados conforme a lo dispuesto en la letra a), en proporción al número de trabajadores que representen.

En todos los supuestos contemplados en este apartado, si como resultado de la aplicación de las reglas indicadas anteriormente el número inicial de representantes fuese superior a trece, estos elegirán por y entre ellos a un máximo de trece, en proporción al número de trabajadores que representen.

La comisión representativa de los trabajadores deberá quedar constituida con carácter previo a la comunicación empresarial de inicio del procedimiento de consultas. A estos efectos, la dirección de la empresa deberá comunicar de manera fehaciente a los trabajadores o a sus representantes su intención de iniciar el procedimiento de modificación sustancial de condiciones de trabajo. El plazo máximo para la constitución de la comisión representativa será de siete días desde la fecha de la referida comunicación, salvo que alguno de los centros de trabajo que vaya a estar afectado por el procedimiento no cuente con representantes legales de los trabajadores, en cuyo caso el plazo será de quince días.

Transcurrido el plazo máximo para la constitución de la comisión representativa, la dirección de la empresa podrá comunicar el inicio del periodo de consultas a los representantes de los trabajadores. La falta de constitución de la comisión representativa no impedirá el inicio y transcurso del periodo de consultas, y su constitución con posterioridad al inicio del mismo no comportará, en ningún caso, la ampliación de su duración.

Durante el periodo de consultas, las partes deberán negociar de buena fe, con vistas a la consecución de un acuerdo. Dicho acuerdo requerirá la conformidad de la mayoría de los representantes legales de los trabajadores o, en su caso, de la mayoría de los miembros de la comisión representativa de los trabajadores siempre que, en ambos casos, representen a la mayoría de los trabajadores del centro o centros de trabajo afectados.

El empresario y la representación de los trabajadores podrán acordar en cualquier momento la sustitución del periodo de consultas por el procedimiento de mediación o arbitraje que sea de aplicación en el ámbito de la empresa, que deberá desarrollarse dentro del plazo máximo señalado para dicho periodo.

Cuando el periodo de consultas finalice con acuerdo se presumirá que concurren las causas justificativas a que alude el apartado 1 y solo podrá ser impugnado ante la jurisdicción social por la existencia de fraude, dolo, coacción o abuso de derecho en su conclusión. Ello sin perjuicio del derecho de los trabajadores afectados a ejercitar la opción prevista en el párrafo segundo del apartado 3.

5. La decisión sobre la modificación colectiva de las condiciones de trabajo será notificada por el empresario a los trabajadores una vez finalizado el periodo de consultas sin acuerdo y surtirá efectos en el plazo de los siete días siguientes a su notificación.

Contra las decisiones a que se refiere el presente apartado se podrá reclamar en conflicto colectivo, sin perjuicio de la acción individual prevista en el apartado 3. La interposición del conflicto paralizará la tramitación de las acciones individuales iniciadas hasta su resolución. [234]

6. La modificación de las condiciones de trabajo establecidas en los convenios colectivos regulados en el título III deberá realizarse conforme a lo establecido en el artículo 82.3.

7. En materia de traslados se estará a lo dispuesto en las normas específicas establecidas en el artículo 40.

Sección 2ª
Garantías por cambio de empresario

42. *Subcontratación de obras y servicios.* [235] [236]

1. Las empresas que contraten o subcontraten con otras la realización de obras o servicios correspondientes a la propia actividad de aquellas deberán comprobar que dichas contratistas están al corriente en el pago de las cuotas de la Seguridad Social. Al efecto, recabarán por escrito, con identificación de la empresa afectada, certificación negativa por descubiertos en la Tesorería General de la Seguridad Social, que deberá librar inexcusablemente dicha certificación en el término de treinta días improrrogables y en los términos que reglamentariamente

---

[234] Véanse arts. 138 y 153 a 162 LRJS

[235] Dada nueva redacción por art. 1 apartado 5 de Real Decreto-Ley 32/2021 de 28 de diciembre de 2021, con vigencia desde 31/12/2021

[236] Véanse arts. 1.1 y 2 y 4 a 11 Ley 32/2006, de 18 octubre, reguladora de la subcontratación en el Sector de la Construcción

se establezcan. Transcurrido este plazo, quedará exonerada de responsabilidad la empresa solicitante.

2. La empresa principal, salvo el transcurso del plazo antes señalado respecto a la Seguridad Social, y durante los tres años siguientes a la terminación de su encargo, responderá solidariamente de las obligaciones referidas a la Seguridad Social contraídas por los contratistas y subcontratistas durante el periodo de vigencia de la contrata.

De las obligaciones de naturaleza salarial contraídas por las contratistas y subcontratistas con las personas trabajadoras a su servicio responderá solidariamente durante el año siguiente a la finalización del encargo.

No habrá responsabilidad por los actos de la contratista cuando la actividad contratada se refiera exclusivamente a la construcción o reparación que pueda contratar una persona respecto de su vivienda, así como cuando el propietario o propietaria de la obra o industria no contrate su realización por razón de una actividad empresarial.

3. Las personas trabajadoras de la contratista o subcontratista deberán ser informadas por escrito por su empresa de la identidad de la empresa principal para la cual estén prestando servicios en cada momento. Dicha información deberá facilitarse antes del inicio de la respectiva prestación de servicios e incluirá el nombre o razón social de la empresa principal, su domicilio social y su número de identificación fiscal. Asimismo, la contratista o subcontratista deberán informar de la identidad de la empresa principal a la Tesorería General de la Seguridad Social en los términos que reglamentariamente se determinen.

4. Sin perjuicio de la información sobre previsiones en materia de subcontratación a la que se refiere el artículo 64, cuando la empresa concierte un contrato de prestación de obras o servicios con una empresa contratista o subcontratista, deberá informar a la representación legal de las personas trabajadoras sobre los siguientes extremos:

a) Nombre o razón social, domicilio y número de identificación fiscal de la empresa contratista o subcontratista.

b) Objeto y duración de la contrata.

c) Lugar de ejecución de la contrata.

d) En su caso, número de personas trabajadoras que serán ocupadas por la contrata o subcontrata en el centro de trabajo de la empresa principal.

e) Medidas previstas para la coordinación de actividades desde el punto de vista de la prevención de riesgos laborales.

Cuando las empresas principal, contratista o subcontratista compartan de forma continuada un mismo centro de trabajo, la primera deberá disponer de un libro registro en el que se refleje la información anterior respecto de todas las empresas citadas. Dicho libro estará a disposición de la representación legal de las personas trabajadoras [237].

5. La empresa contratista o subcontratista deberá informar igualmente a la representación legal de las personas trabajadoras, antes del inicio de la ejecución de la contrata, sobre los mismos extremos a que se refieren el apartado 3 y las letras b) a e) del apartado 4.

6. El convenio colectivo de aplicación para las empresas contratistas y subcontratistas será el del sector de la actividad desarrollada en la contrata o subcontrata, con independencia de su objeto social o forma jurídica, salvo que exista otro convenio sectorial aplicable conforme a lo dispuesto en el título III.

No obstante, cuando la empresa contratista o subcontratista cuente con un convenio propio, se aplicará este, en los términos que resulten del artículo 84.

7. Las personas trabajadoras de las empresas contratistas y subcontratistas, cuando no tengan representación legal, tendrán derecho a formular a la representación legal de personas trabajadoras de la empresa principal cuestiones relativas a las condiciones de ejecución de la actividad laboral, mientras compartan centro de trabajo y carezcan de representación.

Lo dispuesto en el párrafo anterior no será de aplicación a las reclamaciones de la persona trabajadora respecto de la empresa de la que depende.

8. La representación legal de las personas trabajadoras de la empresa principal y de las empresas contratistas y subcontratistas, cuando compartan de forma continuada centro de trabajo, podrán reunirse a efectos de coordinación entre ellos y en relación con las condiciones de ejecución de la actividad laboral en los términos previstos en el artículo 81.

La capacidad de representación y ámbito de actuación de la representación de las personas trabajadoras, así como su crédito horario,

---

[237] Véase art. 7.12 LISOS

vendrán determinados por la legislación vigente y, en su caso, por los convenios colectivos de aplicación.

43. *Cesión de trabajadores.* 1. La contratación de trabajadores para cederlos temporalmente a otra empresa solo podrá efectuarse a través de empresas de trabajo temporal debidamente autorizadas en los términos que legalmente se establezcan. [238]

2. En todo caso, se entiende que se incurre en la cesión ilegal de trabajadores contemplada en este artículo cuando se produzca alguna de las siguientes circunstancias: que el objeto de los contratos de servicios entre las empresas se limite a una mera puesta a disposición de los trabajadores de la empresa cedente a la empresa cesionaria, o que la empresa cedente carezca de una actividad o de una organización propia y estable, o no cuente con los medios necesarios para el desarrollo de su actividad, o no ejerza las funciones inherentes a su condición de empresario.

3. Los empresarios, cedente y cesionario, que infrinjan lo señalado en los apartados anteriores responderán solidariamente de las obligaciones contraídas con los trabajadores y con la Seguridad Social, sin perjuicio de las demás responsabilidades, incluso penales, que procedan por dichos actos. [239]

4. Los trabajadores sometidos al tráfico prohibido tendrán derecho a adquirir la condición de fijos, a su elección, en la empresa cedente o cesionaria. Los derechos y obligaciones del trabajador en la empresa cesionaria serán los que correspondan en condiciones ordinarias a un trabajador que preste servicios en el mismo o equivalente puesto de trabajo, si bien la antigüedad se computará desde el inicio de la cesión ilegal.

44. *La sucesión de empresa.* 1. El cambio de titularidad de una empresa, de un centro de trabajo o de una unidad productiva autónoma no extinguirá por sí mismo la relación laboral, quedando el nuevo empresario subrogado en los derechos y obligaciones laborales y de Seguridad Social del anterior, incluyendo los compromisos de pensio-

[238] Véanse Ley 14/1994, de 1 junio, por la que se regulan las Empresas de Trabajo Temporal, y RD 417/2015, de 29 mayo, por el que se desarrolla la anterior
[239] Véase art. 312.1 CP

nes, en los términos previstos en su normativa específica, y, en general, cuantas obligaciones en materia de protección social complementaria hubiere adquirido el cedente. [240]

2. A los efectos de lo previsto en este artículo, se considerará que existe sucesión de empresa cuando la transmisión afecte a una entidad económica que mantenga su identidad, entendida como un conjunto de medios organizados a fin de llevar a cabo una actividad económica, esencial o accesoria. [241]

3. Sin perjuicio de lo establecido en la legislación de Seguridad Social, el cedente y el cesionario, en las transmisiones que tengan lugar por actos inter vivos, responderán solidariamente durante tres años de las obligaciones laborales nacidas con anterioridad a la transmisión y que no hubieran sido satisfechas. [242]

El cedente y el cesionario también responderán solidariamente de las obligaciones nacidas con posterioridad a la transmisión, cuando la cesión fuese declarada delito. [243]

4. Salvo pacto en contrario, establecido mediante acuerdo de empresa entre el cesionario y los representantes de los trabajadores una vez consumada la sucesión, las relaciones laborales de los trabajadores afectados por la sucesión seguirán rigiéndose por el convenio colectivo que en el momento de la transmisión fuere de aplicación en la empresa, centro de trabajo o unidad productiva autónoma transferida.

Esta aplicación se mantendrá hasta la fecha de expiración del convenio colectivo de origen o hasta la entrada en vigor de otro convenio colectivo nuevo que resulte aplicable a la entidad económica transmitida.

5. Cuando la empresa, el centro de trabajo o la unidad productiva objeto de la transmisión conserve su autonomía, el cambio de titularidad del empresario no extinguirá por sí mismo el mandato de los representantes legales de los trabajadores, que seguirán ejerciendo sus

---

[240] Véase art. 64 Ley 22/2003, de 9 julio, Concursal

[241] Véase Dir. 2001/23/CE del Consejo, de 12 marzo 2001, sobre la aproximación de las legislaciones de los Estados miembros relativas al mantenimiento de los derechos de los trabajadores en caso de traspasos de empresas, de centros de actividad o de partes de empresas o de centros de actividad

[242] Téngase en cuenta lo dispuesto en el art. 168 LGSS, aprobada por RDLeg. 8/2015

[243] Véase art. 311.2 CP

funciones en los mismos términos y bajo las mismas condiciones que regían con anterioridad.

6. El cedente y el cesionario deberán informar a los representantes legales de sus trabajadores respectivos afectados por el cambio de titularidad, de los siguientes extremos:

a) Fecha prevista de la transmisión.

b) Motivos de la transmisión.

c) Consecuencias jurídicas, económicas y sociales, para los trabajadores, de la transmisión.

d) Medidas previstas respecto de los trabajadores.

7. De no haber representantes legales de los trabajadores, el cedente y el cesionario deberán facilitar la información mencionada en el apartado anterior a los trabajadores que pudieren resultar afectados por la transmisión. [244]

8. El cedente vendrá obligado a facilitar la información mencionada en los apartados anteriores con la suficiente antelación, antes de la realización de la transmisión. El cesionario estará obligado a comunicar estas informaciones con la suficiente antelación y, en todo caso, antes de que sus trabajadores se vean afectados en sus condiciones de empleo y de trabajo por la transmisión.

En los supuestos de fusión y escisión de sociedades, el cedente y el cesionario habrán de proporcionar la indicada información, en todo caso, al tiempo de publicarse la convocatoria de las juntas generales que han de adoptar los respectivos acuerdos.

9. El cedente o el cesionario que previere adoptar, con motivo de la transmisión, medidas laborales en relación con sus trabajadores vendrá obligado a iniciar un periodo de consultas con los representantes legales de los trabajadores sobre las medidas previstas y sus consecuencias para los trabajadores. Dicho periodo de consultas habrá de celebrarse con la suficiente antelación, antes de que las medidas se lleven a efecto. Durante el periodo de consultas, las partes deberán negociar de buena fe, con vistas a la consecución de un acuerdo. Cuando las medidas previstas consistieren en traslados colectivos o en modificaciones sustanciales de las condiciones de trabajo de carácter colectivo, el procedimiento del periodo de consultas al que se refiere

[244] Véase art. 7.5 LISOS

el párrafo anterior se ajustará a lo establecido en los artículos 40.2 y 41.4. [245]

10. Las obligaciones de información y consulta establecidas en este artículo se aplicarán con independencia de que la decisión relativa a la transmisión haya sido adoptada por los empresarios cedente y cesionario o por las empresas que ejerzan el control sobre ellos. Cualquier justificación de aquellos basada en el hecho de que la empresa que tomó la decisión no les ha facilitado la información necesaria no podrá ser tomada en consideración a tal efecto. [246]

Sección 3ª
Suspensión del contrato

45. *Causas y efectos de la suspensión.* 1. El contrato de trabajo podrá suspenderse por las siguientes causas: [247]

a) Mutuo acuerdo de las partes. [248]

b) Las consignadas válidamente en el contrato.

c) Incapacidad temporal de los trabajadores. [249]

d) Nacimiento, adopción, guarda con fines de adopción o acogimiento, de conformidad con el Código Civil o las leyes civiles de las comunidades autónomas que lo regulen, de menores de seis años o de menores de edad mayores de seis años con discapacidad o que por

---

[245] Véase art. 64.1 de la presente Ley

[246] Véanse art. 168 LGSS, aprobada por RDLeg. 8/2015, arts. 7.11 y 8.2 LISOS y arts. 311.2 y 312.1 CP

[247] Véase art. 9 RD 1382/1985, de 1 agosto, por el que se regula la Relación Laboral de carácter Especial del personal de Alta Dirección, art. 12 RD 1006/1985, de 26 junio, por el que se regula la Relación Laboral Especial de los Deportistas Profesionales, art. 20 RD 1331/2006, de 17 noviembre, por el que se regula la relación laboral de carácter especial de los abogados que prestan servicios en despachos de abogados, individuales o colectivos y art. 9 RD 782/2001, de 6 julio, por el que se regula la relación laboral de carácter especial de los penados que realicen actividades laborales en talleres penitenciarios y la protección de Seguridad Social de los sometidos a penas de trabajo en beneficio de la comunidad

[248] Véase art. 14.3 de la presente Ley

[249] Véanse arts. 169 y 177 y ss. LGSS, aprobada por RDLeg. 8/2015 y art. 10.3 RD 1620/2011, de 14 de noviembre, por el que se regula la relación laboral de carácter especial del servicio del hogar familiar

sus circunstancias y experiencias personales o por provenir del extranjero, tengan especiales dificultades de inserción social y familiar debidamente acreditadas por los servicios sociales competentes. [250] [251]

e) Riesgo durante el embarazo y riesgo durante la lactancia natural de un menor de nueve meses.

f) Ejercicio de cargo público representativo.

g) Privación de libertad del trabajador, mientras no exista sentencia condenatoria.

h) Suspensión de empleo y sueldo, por razones disciplinarias. [252]

i) Fuerza mayor temporal. [253]

j) Causas económicas, técnicas, organizativas o de producción. [254]

k) Excedencia forzosa. [255]

l) Ejercicio del derecho de huelga. [256]

m) Cierre legal de la empresa. [257]

n) Decisión de la trabajadora que se vea obligada a abandonar su puesto de trabajo como consecuencia de ser víctima de violencia de género o de violencia sexual [258] . [259]

o) Disfrute del permiso parental. [260]

2. La suspensión exonera de las obligaciones recíprocas de trabajar y remunerar el trabajo.

---

[250] Véanse arts. 26.3 y 4 Ley 31/1995, de 8 noviembre, de Prevención de Riesgos Laborales, arts. 173, 173 bis, 175 y ss. CC y art. 48.7 y 8 de la presente Ley

[251] Dada nueva redacción apartado 1 apartado d por disposición final 13 de Ley Orgánica 1/2023 de 28 de febrero de 2023, con vigencia desde 01/06/2023

[252] Véase art. 58 de la presente Ley

[253] Véase art. 47 de la presente Ley

[254] Véase art. 47 de la presente Ley

[255] Véase art. 46 de la presente Ley

[256] Véase art. 6 RDL 17/1977, de 4 marzo, sobre Relaciones de Trabajo

[257] Véase art. 12 RDL 17/1977, de 4 marzo, sobre Relaciones de Trabajo

[258] Véanse arts. 21 a 23 LO 1/2004, de 28 diciembre, de Medidas de Protección Integral contra la Violencia de Género

[259] Dada nueva redacción apartado 1 apartado n por disposición final 9 apartado 3 de Ley Orgánica 2/2024 de 1 de agosto de 2024, con vigencia desde 22/08/2024

[260] Añadido apartado 1 apartado o por art. 127 apartado 4 de Real Decreto-Ley 5/2023 de 28 de junio de 2023, con vigencia desde 30/06/2023

46. *Excedencias.* 1. La excedencia podrá ser voluntaria o forzosa. La forzosa, que dará derecho a la conservación del puesto y al cómputo de la antigüedad de su vigencia, se concederá por la designación o elección para un cargo público que imposibilite la asistencia al trabajo. El reingreso deberá ser solicitado dentro del mes siguiente al cese en el cargo público. [261]

2. El trabajador con al menos una antigüedad en la empresa de un año tiene derecho a que se le reconozca la posibilidad de situarse en excedencia voluntaria por un plazo no menor a cuatro meses y no mayor a cinco años. Este derecho solo podrá ser ejercitado otra vez por el mismo trabajador si han transcurrido cuatro años desde el final de la anterior excedencia voluntaria.

3. Los trabajadores tendrán derecho a un periodo de excedencia de duración no superior a tres años para atender al cuidado de cada hijo, tanto cuando lo sea por naturaleza, como por adopción, o en los supuestos de guarda con fines de adopción o acogimiento permanente, a contar desde la fecha de nacimiento o, en su caso, de la resolución judicial o administrativa. [262]

También tendrán derecho a un periodo de excedencia, de duración no superior a dos años, salvo que se establezca una duración mayor por negociación colectiva, los trabajadores para atender al cuidado del cónyuge o pareja de hecho, o de un familiar hasta el segundo grado de consanguinidad y por afinidad, incluido el familiar consanguíneo de la pareja de hecho, que por razones de edad, accidente, enfermedad o discapacidad no pueda valerse por sí mismo, y no desempeñe actividad retribuida. [263]

La excedencia contemplada en el presente apartado, cuyo periodo de duración podrá disfrutarse de forma fraccionada, constituye un derecho individual de los trabajadores y trabajadoras. No obstante, si dos o más personas trabajadoras de la misma empresa generasen este derecho por el mismo sujeto causante, la empresa podrá limitar su ejercicio simultáneo por razones fundadas y objetivas de funciona-

---

[261] Véase art. 37.3 d) de la presente Ley

[262] Véanse arts. 29, 30 y 108 y ss. CC

[263] Véase Dir. (UE) 2019/1158 del Parlamento europeo y del Consejo de 20 de junio de 2019 relativa a la conciliación de la vida familiar y la vida profesional de los progenitores y los cuidadores, y por la que se deroga la Directiva 2010/18/UE del Consejo

miento debidamente motivadas por escrito debiendo en tal caso la empresa ofrecer un plan alternativo que asegure el disfrute de ambas personas trabajadoras y que posibilite el ejercicio de los derechos de conciliación. Cuando un nuevo sujeto causante diera derecho a un nuevo periodo de excedencia, el inicio de la misma dará fin al que, en su caso, se viniera disfrutando.

El periodo en que la persona trabajadora permanezca en situación de excedencia conforme a lo establecido en este artículo será computable a efectos de antigüedad y el trabajador tendrá derecho a la asistencia a cursos de formación profesional, a cuya participación deberá ser convocado por la empresa, especialmente con ocasión de su reincorporación. Durante el primer año tendrá derecho a la reserva de su puesto de trabajo. Transcurrido dicho plazo, la reserva quedará referida a un puesto de trabajo del mismo grupo profesional o categoría equivalente. [264]

No obstante, cuando la persona trabajadora forme parte de una familia que tenga reconocida la condición de familia numerosa, la reserva de su puesto de trabajo se extenderá hasta un máximo de quince meses cuando se trate de una familia numerosa de categoría general, y hasta un máximo de dieciocho meses si se trata de categoría especial. Cuando la persona ejerza este derecho con la misma duración y régimen que el otro progenitor, la reserva de puesto de trabajo se extenderá hasta un máximo de dieciocho meses. [265]

En el ejercicio de este derecho se tendrá en cuenta el fomento de la corresponsabilidad entre mujeres y hombres y, asimismo, evitar la perpetuación de roles y estereotipos de género. [266]

4. Asimismo podrán solicitar su paso a la situación de excedencia en la empresa los trabajadores que ejerzan funciones sindicales de

---

[264] Véanse art. 237.1 LGSS, aprobada por RDLeg. 8/2015, art. 4 Ley 4/1995, de 23 marzo, de Regulación del Permiso Parental y por Maternidad, disp. adic. 4ª RD 295/2009, de 6 de marzo, por el que se regulan las prestaciones económicas del sistema de la Seguridad Social por maternidad, paternidad, riesgo durante el embarazo y riesgo durante la lactancia natural, arts. 89.4 y 92 RDLeg. 5/2015, de 30 de octubre, texto refundido de la Ley del Estatuto Básico del Empleado Público y disp. adic. 22ª de la presente Ley

[265] Véase RD 1621/2005, de 30 diciembre, por el que se aprueba el Reglamento de la Ley 40/2003, de 18 noviembre, de protección a las familias numerosas

[266] Dada nueva redacción apartado 3 por art. 127 apartado 5 de Real Decreto-Ley 5/2023 de 28 de junio de 2023, con vigencia desde 30/06/2023

ámbito provincial o superior mientras dure el ejercicio de su cargo representativo. [267]

5. El trabajador en excedencia voluntaria conserva solo un derecho preferente al reingreso en las vacantes de igual o similar categoría a la suya que hubiera o se produjeran en la empresa.

6. La situación de excedencia podrá extenderse a otros supuestos colectivamente acordados, con el régimen y los efectos que allí se prevean.

47. *Reducción de jornada o suspensión del contrato por causas económicas, técnicas, organizativas o de producción o derivadas de fuerza mayor.* [268] [269]

1. La empresa podrá reducir temporalmente la jornada de trabajo de las personas trabajadoras o suspender temporalmente los contratos de trabajo, por causas económicas, técnicas, organizativas o de producción de carácter temporal, con arreglo a lo previsto en este artículo y al procedimiento que se determine reglamentariamente [270].

2. A efectos de lo previsto en este artículo, se entiende que concurren causas económicas cuando de los resultados de la empresa se desprenda una situación económica negativa, en casos tales como la existencia de pérdidas actuales o previstas, o la disminución persistente de su nivel de ingresos ordinarios o ventas. En todo caso, se entenderá que la disminución es persistente si durante dos trimestres consecu-

---

[267] Véase art. 9 LOLS

[268] Dada nueva redacción por art. 1 apartado 6 de Real Decreto-Ley 32/2021 de 28 de diciembre de 2021, con vigencia desde 31/12/2021

[269] Téngase en cuenta lo dispuesto en la disp. adic. 17ª de la presente Ley, respecto a la aplicación de este artículo

[270] Se prorroga hasta el 31-12-2025 la prohibición a las empresas de despedir por las causas de los ERTE adoptados como consecuencia de la crisis energética derivada de la invasión de Ucrania, si se benefician de apoyo público, conforme al art. 71 RDL 1/2025 de 28 enero. Asimismo véase la prohibición a las empresas de despedir por causa de fuerza mayor y por causas ETOP derivadas de la DANA ocurrida entre el 28 de octubre y el 4 de noviembre de 2024, del art. 46.1 RDL 7/2024, de 11 de noviembre, si se han acogido a las medidas del art. 44 del citado real decreto-ley o son beneficiarias de ayudas directas. El incumplimiento de esta obligación conlleva el reintegro de la ayuda recibida y la calificación del despido como nulo. Conforme a la disp. adic. 8ª RDL 8/2024, de 28 de noviembre, dicho incumplimiento tendrá efectos respecto de la obligación de reintegro de las exenciones en la cotización fijadas en el art. 18 RDL 6/2024, de 5 de noviembre

tivos el nivel de ingresos ordinarios o ventas de cada trimestre es inferior al registrado en el mismo trimestre del año anterior.

Se entiende que concurren causas técnicas cuando se produzcan cambios, entre otros, en el ámbito de los medios o instrumentos de producción; causas organizativas cuando se produzcan cambios, entre otros, en el ámbito de los sistemas y métodos de trabajo del personal o en el modo de organizar la producción; y causas productivas cuando se produzcan cambios, entre otros, en la demanda de los productos o servicios que la empresa pretende colocar en el mercado.

3. El procedimiento, que será aplicable cualquiera que sea el número de personas trabajadoras de la empresa y el número de personas afectadas por la reducción o por la suspensión, se iniciará mediante comunicación a la autoridad laboral competente y la apertura simultánea de un periodo de consultas con la representación legal de las personas trabajadoras de duración no superior a quince días [271].

En el supuesto de empresas de menos de cincuenta personas de plantilla, la duración del periodo de consultas no será superior a siete días.

La consulta se llevará a cabo en una única comisión negociadora, si bien, de existir varios centros de trabajo, quedará circunscrita a los centros afectados por el procedimiento. La comisión negociadora estará integrada por un máximo de trece miembros en representación de cada una de las partes.

La intervención como interlocutores ante la dirección de la empresa en el procedimiento de consultas corresponderá a los sujetos indicados en el artículo 41.4, en el orden y condiciones señalados en el mismo.

La comisión representativa de las personas trabajadoras deberá quedar constituida con carácter previo a la comunicación empresarial de apertura del periodo de consultas. A estos efectos, la dirección de la empresa deberá comunicar de manera fehaciente a las personas trabajadoras o a sus representantes su intención de iniciar el procedimiento. El plazo máximo para la constitución de la comisión representativa será de cinco días desde la fecha de la referida comunicación, salvo que alguno de los centros de trabajo que vaya a estar afectado por el procedimiento no cuente con representantes legales de los trabajadores, en cuyo caso el plazo será de diez días.

---

[271] Véanse arts. 16 a 29 RD 1483/2012 de 29 octubre, por el que se aprueba el Reglamento de los procedimientos de despido colectivo y de suspensión de contratos y reducción de jornada

Transcurrido el plazo máximo para la constitución de la comisión representativa, la dirección de la empresa podrá comunicar formalmente a la representación de las personas trabajadoras y a la autoridad laboral el inicio del periodo de consultas. La falta de constitución de la comisión representativa no impedirá el inicio y transcurso del periodo de consultas, y su constitución con posterioridad al inicio del mismo no comportará, en ningún caso, la ampliación de su duración.

La autoridad laboral recabará informe preceptivo de la Inspección de Trabajo y Seguridad Social sobre los extremos de dicha comunicación y sobre el desarrollo del periodo de consultas. El informe deberá ser evacuado en el improrrogable plazo de quince días desde la notificación a la autoridad laboral de la finalización del periodo de consultas y quedará incorporado al procedimiento.

Cuando el periodo de consultas finalice con acuerdo se presumirá que concurren las causas justificativas a que alude el apartado 1 y solo podrá ser impugnado ante la jurisdicción social por la existencia de fraude, dolo, coacción o abuso de derecho en su conclusión.

Durante el periodo de consultas, las partes deberán negociar de buena fe, con vistas a la consecución de un acuerdo. Dicho acuerdo requerirá la conformidad de la mayoría de los representantes legales de los trabajadores o, en su caso, de la mayoría de miembros de la comisión representativa de las personas trabajadoras siempre que, en ambos casos, representen a la mayoría de las personas trabajadoras del centro o centros de trabajo afectados.

La empresa y la representación de las personas trabajadoras podrán acordar en cualquier momento la sustitución del periodo de consultas por el procedimiento de mediación o arbitraje que sea de aplicación en el ámbito de la empresa, que deberá desarrollarse dentro del plazo máximo señalado para dicho periodo.

Tras la finalización del periodo de consultas, la empresa notificará a las personas trabajadoras y a la autoridad laboral su decisión sobre la reducción de jornada o la suspensión de contratos, que deberá incluir el periodo dentro del cual se va a llevar a cabo la aplicación de estas medidas.

La decisión empresarial surtirá efectos a partir de la fecha de su comunicación a la autoridad laboral, salvo que en ella se contemple una posterior.

Si en el plazo de quince días desde la fecha de la última reunión celebrada en el periodo de consultas, la empresa no hubiera comunicado a los representantes de los trabajadores y a la autoridad laboral su decisión sobre la suspensión de contratos o reducción temporal de jornada, se producirá la caducidad del procedimiento en los términos que reglamentariamente se establezcan.

La decisión empresarial podrá ser impugnada por la autoridad laboral a petición de la entidad gestora de la prestación por desempleo cuando aquella pudiera tener por objeto la obtención indebida de las prestaciones por parte de las personas trabajadoras, por inexistencia de la causa motivadora de la situación legal de desempleo.

Contra las decisiones a que se refiere el presente apartado podrá reclamar la persona trabajadora ante la jurisdicción social que declarará la medida justificada o injustificada. En este último caso, la sentencia declarará la inmediata reanudación del contrato de trabajo y condenará a la empresa al pago de los salarios dejados de percibir por la persona trabajadora hasta la fecha de la reanudación del contrato o, en su caso, al abono de las diferencias que procedan respecto del importe recibido en concepto de prestaciones por desempleo durante el periodo de suspensión, sin perjuicio del reintegro que proceda realizar por el empresario del importe de dichas prestaciones a la entidad gestora del pago de las mismas, así como del ingreso de las diferencias de cotización a la Seguridad Social. Cuando la decisión empresarial afecte a un número de personas igual o superior a los umbrales previstos en el artículo 51.1 se podrá reclamar en conflicto colectivo, sin perjuicio de la acción individual. La interposición del conflicto colectivo paralizará la tramitación de las acciones individuales iniciadas, hasta su resolución.

4. En cualquier momento durante la vigencia de la medida de reducción de jornada o suspensión de contratos basada en causas económicas, organizativas, técnicas o de producción, la empresa podrá comunicar a la representación de las personas trabajadoras con la que hubiera desarrollado el periodo de consultas una propuesta de prórroga de la medida. La necesidad de esta prórroga deberá ser tratada en un periodo de consultas de duración máxima de cinco días, y la decisión empresarial será comunicada a la autoridad laboral en un plazo de siete días, surtiendo efectos desde el día siguiente a la finalización del periodo inicial de reducción de jornada o suspensión de la relación laboral.

Salvo en los plazos señalados, resultarán de aplicación a este periodo de consultas las previsiones recogidas en el apartado 3.

5. Las empresas podrán aplicar la reducción de la jornada de trabajo o la suspensión de los contratos de trabajo por causa derivada de fuerza mayor temporal, previo procedimiento tramitado conforme a lo dispuesto en este apartado, en el artículo 51.7 y en sus disposiciones reglamentarias de aplicación [272].

El procedimiento se iniciará mediante solicitud de la empresa dirigida a la autoridad laboral competente, acompañada de los medios de prueba que estime necesarios, y simultánea comunicación a la representación legal de las personas trabajadoras.

La existencia de fuerza mayor temporal como causa motivadora de la suspensión o reducción de jornada de los contratos de trabajo, deberá ser constatada por la autoridad laboral, cualquiera que sea el número de personas trabajadoras afectadas.

La autoridad laboral solicitará informe preceptivo de la Inspección de Trabajo y Seguridad Social antes de dictar resolución. Este informe deberá pronunciarse sobre la concurrencia de la fuerza mayor.

La resolución de la autoridad laboral se dictará, previas las actuaciones e informes indispensables, en el plazo de cinco días desde la solicitud, y deberá limitarse, en su caso, a constatar la existencia de la fuerza mayor alegada por la empresa, correspondiendo a esta la decisión sobre la reducción de las jornadas de trabajo o suspensión de los contratos de trabajo. La resolución surtirá efectos desde la fecha del hecho causante de la fuerza mayor, y hasta la fecha determinada en la misma resolución.

Si no se emite resolución expresa en el plazo indicado, se entenderá autorizado el expediente de regulación temporal de empleo.

En el supuesto de que se mantenga la fuerza mayor a la finalización del período determinado en la resolución del expediente, se deberá solicitar una nueva autorización [273].

6. La fuerza mayor temporal podrá estar determinada por impedimentos o limitaciones en la actividad normalizada de la empresa que sean consecuencia de decisiones adoptadas por la autoridad pública

---

[272] Véanse arts. 31 a 33 RD 1483/2012 de 29 octubre, por el que se aprueba el Regto. de los procedimientos de despido colectivo y de suspensión de contratos y reducción de jornada y arts. 164 a 185 y 541.2 y 3 y 551 TR Ley Concursal

[273] Se prorrogan hasta el 30-06-2025, exclusivamente para los centros de trabajo ubicados en los municipios de El Paso, Los Llanos de Aridane y Tazacorte, los ERTE por fuerza mayor autorizados como consecuencia del volcán de La Palma, conforme al art. 77 RDL 1/2025 de 28 enero

competente, incluidas aquellas orientadas a la protección de la salud pública.

También estará determinada por el mantenimiento, transcurridos los cuatro días previstos en el artículo 37.3.g), de la imposibilidad de acceder al centro de trabajo o a las vías de circulación necesarias para acudir al mismo, salvo que sea posible el trabajo a distancia en los términos recogidos en dicho precepto.

Por el contrario, las circunstancias del párrafo anterior no serán constitutivas de fuerza mayor durante la duración del permiso del artículo 37.3.g). Durante la misma, solo podrá justificarse la fuerza mayor en base a otras circunstancias, en cuyo caso los efectos se retrotraerán al momento del hecho causante correspondiente.

Será de aplicación el procedimiento previsto para los expedientes por causa de fuerza mayor temporal a que se refiere el apartado anterior, con las siguientes particularidades:

a) La solicitud de informe por parte de la autoridad laboral a la Inspección de Trabajo y Seguridad Social no será preceptiva.

b) La empresa deberá justificar, en la documentación remitida junto con la solicitud, la existencia de las concretas limitaciones o del impedimento a su actividad como consecuencia de la decisión de la autoridad competente.

c) La autoridad laboral autorizará el expediente si se entienden justificadas las limitaciones o impedimento referidos. [274]

7. Serán normas comunes aplicables a los expedientes de regulación temporal de empleo por causas económicas, técnicas, organizativas y de producción, y a los que estén basados en una causa de fuerza mayor temporal, las siguientes:

a) La reducción de jornada podrá ser de entre un diez y un setenta por ciento y computarse sobre la base de la jornada diaria, semanal, mensual o anual.

En la medida en que ello sea viable, se priorizará la adopción de medidas de reducción de jornada frente a las de suspensión de contratos.

b) La empresa junto con la notificación, comunicación o solicitud, según proceda, a la autoridad laboral sobre su decisión de reducir la jornada de trabajo o suspender los contratos de trabajo, a que se

---

[274] Dada nueva redacción apartado 6 por disposición final 2 apartado 2 de Real Decreto-Ley 8/2024 de 28 de noviembre de 2024, con vigencia desde 30/11/2024

refieren los apartados 3, 4, 5 y 6, comunicará, a través de los procedimientos automatizados que se establezcan:

1.º El período dentro del cual se va a llevar a cabo la aplicación de la suspensión del contrato o la reducción de jornada.

2.º La identificación de las personas trabajadoras incluidas en el expediente de regulación temporal de empleo.

3.º El tipo de medida a aplicar respecto de cada una de las personas trabajadoras y el porcentaje máximo de reducción de jornada o el número máximo de días de suspensión de contrato a aplicar.

c) Durante el periodo de aplicación del expediente, la empresa podrá desafectar y afectar a las personas trabajadoras en función de las alteraciones de las circunstancias señaladas como causa justificativa de las medidas, informando previamente de ello a la representación legal de las personas trabajadoras y previa comunicación a la entidad gestora de las prestaciones sociales y, conforme a los plazos establecidos reglamentariamente, a la Tesorería General de la Seguridad Social, a través de los procedimientos automatizados que establezcan dichas entidades.

d) Dentro del periodo de aplicación del expediente no podrán realizarse horas extraordinarias, establecerse nuevas externalizaciones de actividad ni concertarse nuevas contrataciones laborales. Esta prohibición no resultará de aplicación en el supuesto en que las personas en suspensión contractual o reducción de jornada que presten servicios en el centro de trabajo afectado por nuevas contrataciones o externalizaciones no puedan, por formación, capacitación u otras razones objetivas y justificadas, desarrollar las funciones encomendadas a aquellas, previa información al respecto por parte de la empresa a la representación legal de las personas trabajadoras.

Las empresas que desarrollen las acciones formativas a las que se refiere la disposición adicional vigesimoquinta, a favor de las personas afectadas por el expediente de regulación temporal de empleo, tendrán derecho a un incremento de crédito para la financiación de acciones en el ámbito de la formación programada, en los términos previstos en el artículo 9.7 de la Ley 30/2015, de 9 de septiembre, por la que se regula el Sistema de Formación Profesional para el empleo en el ámbito laboral.

e) Los beneficios en materia de cotización vinculados a los expedientes de regulación temporal de empleo, de carácter voluntario para la empresa, estarán condicionados, asimismo, al mantenimiento en el empleo de las personas trabajadoras afectadas con el contenido y requisitos previstos en el apartado 10 de la disposición adicional cuadragésima cuarta del texto refundido de la Ley General de la Seguridad Social, aprobado por el Real Decreto Legislativo 8/2015, de 30 de octubre.

f) La prestación a percibir por las personas trabajadoras se regirá por lo establecido en el artículo 267 del texto refundido de la Ley General de la Seguridad Social y sus normas de desarrollo.

47 bis. *Mecanismo RED de Flexibilidad y Estabilización del Empleo.* [275] [276]

1. El Mecanismo RED de Flexibilidad y Estabilización del Empleo es un instrumento de flexibilidad y estabilización del empleo que, una vez activado por el Consejo de Ministros, permitirá a las empresas la solicitud de medidas de reducción de jornada y suspensión de contratos de trabajo.

Este Mecanismo RED tendrá dos modalidades:

a) Cíclica, cuando se aprecie una coyuntura macroeconómica general que aconseje la adopción de instrumentos adicionales de estabilización, con una duración máxima de un año.

b) Sectorial, cuando en un determinado sector o sectores de actividad se aprecien cambios permanentes que generen necesidades de recualificación y de procesos de transición profesional de las personas trabajadoras, con una duración máxima inicial de un año y la posibilidad de dos prórrogas de seis meses cada una.

2. La activación del Mecanismo se realizará a propuesta conjunta de las personas titulares de los Ministerios de Trabajo y Economía Social, de Asuntos Económicos y Transformación Digital, y de Inclusión, Seguridad Social y Migraciones, previo informe de la Comisión Delegada del Gobierno para Asuntos Económicos.

En el ámbito de la modalidad sectorial, las organizaciones sindicales y empresariales más representativas a nivel estatal podrán solicitar a los Ministerios referidos la convocatoria de la Comisión tripartita del

---

[275] Añadido por art. 1 apartado 7 de Real Decreto-Ley 32/2021 de 28 de diciembre de 2021, con vigencia desde 31/12/2021

[276] Véase el RD 608/2023 de 11 julio, por el que se desarrolla el Mecanismo RED; téngase en cuenta la disp. adic. 17.ª de la presente Ley y, hasta el 13 julio 2023, la disp. trans. 2.ª RDL 4/2022 de 15 marzo respecto a su aplicación hasta dicha fecha

Mecanismo RED. Esta Comisión deberá reunirse en el plazo de quince días desde dicha solicitud y analizará la existencia de los cambios referidos en el apartado 1.b), así como la necesidad, en su caso, de elevar una solicitud de activación del Mecanismo RED sectorial al Consejo de Ministros.

En todo caso, con carácter previo a su elevación al Consejo de Ministros, resultará imprescindible informar a las organizaciones sindicales y empresariales más representativas a nivel estatal.

La decisión y las consideraciones que se incorporen al Acuerdo del Consejo de Ministros no serán por sí mismas causas para la adopción en el ámbito empresarial de las medidas previstas en esta norma en relación con el empleo o las condiciones de trabajo.

3. Una vez activado el Mecanismo, las empresas podrán solicitar voluntariamente a la autoridad laboral la reducción de la jornada o la suspensión de los contratos de trabajo, mientras esté activado el Mecanismo, en cualquiera de sus centros de trabajo y en los términos previstos en este artículo.

El procedimiento se iniciará mediante solicitud por parte de la empresa dirigida a la autoridad laboral competente y comunicación simultánea a la representación de las personas trabajadoras, y se tramitará de acuerdo con lo previsto en el artículo 47.5, previo desarrollo de un periodo de consultas en los términos regulados en el 47.3, con las particularidades recogidas en este artículo.

En el caso de la modalidad sectorial, además, la solicitud deberá ir acompañada de un plan de recualificación de las personas afectadas.

4. La autoridad laboral deberá remitir el contenido de la solicitud empresarial a la Inspección de Trabajo y Seguridad Social y recabar informe preceptivo de esta sobre la concurrencia de los requisitos correspondientes. Este informe será evacuado en el improrrogable plazo de siete días desde la notificación de inicio por parte de la empresa a la autoridad laboral.

La autoridad laboral procederá a dictar resolución en el plazo de siete días naturales a partir de la comunicación de la conclusión del periodo de consultas. Si transcurrido dicho plazo no hubiera recaído pronunciamiento expreso, se entenderá autorizada la medida, siempre dentro de los límites legal y reglamentariamente establecidos.

Cuando el período de consultas concluya con acuerdo, la autoridad laboral autorizará la aplicación del mecanismo, pudiendo la empresa proceder a las reducciones de jornada o suspensiones de contrato en las condiciones acordadas.

Cuando el período de consultas concluya sin acuerdo, la autoridad laboral dictará resolución estimando o desestimando la solicitud empresarial. La autoridad laboral estimará la solicitud en caso de entender que de la documentación aportada se deduce que la situación cíclica o sectorial temporal concurre en la empresa en los términos previstos en este artículo.

5. Serán normas comunes aplicables a las dos modalidades del Mecanismo RED, las siguientes:

a) Las previsiones recogidas en el artículo 47.4 y 7.

b) Las personas trabajadoras cubiertas por un Mecanismo RED se beneficiarán de las medidas en materia de protección social previstas en la disposición adicional cuadragésima primera del texto refundido de la Ley General de la Seguridad Social, y tendrán la consideración de colectivo prioritario para el acceso a las iniciativas de formación del sistema de formación profesional para el empleo en el ámbito laboral.

c) La Inspección de Trabajo y Seguridad Social y el Servicio Público de Empleo Estatal colaborarán para el desarrollo de actuaciones efectivas de control de la aplicación del Mecanismo, mediante la programación de actuaciones periódicas y de ejecución continuada.

Asimismo, la Inspección de Trabajo y Seguridad Social tendrá acceso a los datos incorporados mediante procedimientos automatizados y aplicaciones que le permitan conocer los extremos relativos a la aplicación de los Mecanismos, las condiciones especiales en materia de cotización a la Seguridad Social para las empresas y prestaciones correspondientes, con el objetivo de desarrollar las debidas actuaciones de control.

6. Se constituirá como fondo sin personalidad jurídica, adscrito al Ministerio de Trabajo y Economía Social, un Fondo RED de Flexibilidad y Estabilización del Empleo, que tendrá como finalidad atender a las necesidades futuras de financiación derivadas de la modalidad cíclica y sectorial del Mecanismo RED en materia de prestaciones y exenciones a las empresas del pago de las cotizaciones a la Seguridad Social, incluidos los costes asociados a la formación, en la forma y condiciones previstas en su normativa de desarrollo.

Serán recursos de este Fondo los excedentes de ingresos que financian las prestaciones por desempleo en su nivel contributivo y asistencial, las aportaciones que se consignen en los Presupuestos Generales del Estado, las aportaciones procedentes de los instrumentos de financiación de la Unión Europea orientados al cumplimiento del objeto y fines del Fondo, así como los rendimientos de cualquier naturaleza que genere el Fondo [277].

48. *Suspensión con reserva de puesto de trabajo.* 1. Al cesar las causas legales de suspensión, el trabajador tendrá derecho a la reincorporación al puesto de trabajo reservado, en todos los supuestos a que se refiere el artículo 45.1 excepto en los señalados en las letras a) y b), en que se estará a lo pactado.

2. En el supuesto de incapacidad temporal, producida la extinción de esta situación con declaración de incapacidad permanente en los grados de incapacidad permanente total para la profesión habitual, absoluta para todo trabajo o gran incapacidad, cuando, a juicio del órgano de calificación, la situación de incapacidad del trabajador vaya a ser previsiblemente objeto de revisión por mejoría que permita su reincorporación al puesto de trabajo, subsistirá la suspensión de la relación laboral, con reserva de puesto de trabajo, durante un periodo de dos años a contar desde la fecha de la resolución por la que se declare la incapacidad permanente [278].

En los supuestos previstos en la letra n) del artículo 49.1 se considerará también que subsiste la suspensión de la relación laboral, con reserva del puesto de trabajo, durante el tiempo en que se resuelven los ajustes razonables o el cambio a un puesto vacante y disponible. [279]

3. En los supuestos de suspensión por ejercicio de cargo público representativo o funciones sindicales de ámbito provincial o superior, el trabajador deberá reincorporarse en el plazo máximo de treinta días naturales a partir de la cesación en el cargo o función. [280]

4. El nacimiento, que comprende el parto y el cuidado de menor, suspenderá el contrato de trabajo de la madre biológica y el del progenitor distinto de la madre biológica durante diecinueve semanas.

---

[277] Véanse la disp. adic. 5.ª y la disp. trans. 4.ª RDL 4/2022 de 15 marzo

[278] Véanse arts. 169, 186 y 194 LGSS, aprobada por RDLeg. 8/2015

[279] Dada nueva redacción apartado 2 por art. 1 apartado 1 de Ley 2/2025 de 29 de abril de 2025, con vigencia desde 01/05/2025

[280] Véase art. 45.1 e) de la presente Ley

En el supuesto de monoparentalidad, por existir una única persona progenitora, el periodo de suspensión será de treinta y dos semanas.

En los casos de parto prematuro y en aquellos en que, por cualquier otra causa, el neonato deba permanecer hospitalizado a continuación del parto, el periodo de suspensión podrá computarse, a instancia de la madre biológica o del otro progenitor, a partir de la fecha del alta hospitalaria. Se excluyen de dicho cómputo las seis semanas posteriores al parto, de suspensión obligatoria del contrato de la madre biológica.

En los casos de parto prematuro con falta de peso y en aquellos otros en que el neonato precise, por alguna condición clínica, hospitalización a continuación del parto, por un periodo superior a siete días, el periodo de suspensión se ampliará en tantos días como el nacido se encuentre hospitalizado, con un máximo de trece semanas adicionales, y en los términos en que reglamentariamente se desarrolle.

En el supuesto de fallecimiento del hijo o hija, el periodo de suspensión no se verá reducido, salvo que, una vez finalizadas las seis semanas de descanso obligatorio, se solicite la reincorporación al puesto de trabajo.

En caso de fallecimiento de uno de los progenitores, el otro progenitor podrá hacer uso de la totalidad o, en su caso, de la parte que reste de permiso.

La suspensión del contrato de cada uno de los progenitores por el cuidado de menor se distribuye de la siguiente manera:

a) Seis semanas ininterrumpidas inmediatamente posteriores al parto serán obligatorias y habrán de disfrutarse a jornada completa.

b) Once semanas, veintidós en el caso de monoparentalidad, que podrán distribuirse a voluntad de la persona trabajadora, en períodos semanales a disfrutar de forma acumulada o interrumpida y ejercitarse desde la finalización de la suspensión obligatoria posterior al parto hasta que el hijo o la hija cumpla doce meses. No obstante, la madre biológica podrá anticipar su ejercicio hasta cuatro semanas antes de la fecha previsible del parto.

c) Dos semanas, cuatro en el caso de monoparentalidad, para el cuidado del menor que podrán distribuirse a voluntad de la persona trabajadora, en períodos semanales de forma acumulada o interrumpida hasta que el hijo o la hija cumpla los ocho años [281].

---

[281] Téngase en cuenta que la suspensión del contrato establecido en esta letra c) será de aplicación a los hechos causantes producidos a partir del 2 agosto 2024 y

Este derecho es individual de la persona trabajadora sin que pueda transferirse su ejercicio al otro progenitor.

Las suspensiones previstas en las letras b) y c) podrán disfrutarse en régimen de jornada completa o de jornada parcial, previo acuerdo entre la empresa y la persona trabajadora, y conforme se determine reglamentariamente. La persona trabajadora deberá comunicar a la empresa, con una antelación mínima de quince días, el ejercicio de este derecho en los términos establecidos, en su caso, en los convenios colectivos. Cuando los dos progenitores que ejerzan este derecho trabajen para la misma empresa, la dirección empresarial podrá limitar su ejercicio simultáneo por razones fundadas y objetivas, debidamente motivadas por escrito.

A efectos de lo dispuesto en este apartado, el término de madre biológica incluye también a las personas trans gestantes. [282]

5. En los supuestos de adopción, de guarda con fines de adopción y de acogimiento, de acuerdo con el artículo 45.1.d), la suspensión tendrá una duración de diecinueve semanas para cada adoptante, guardador o acogedor [283].

En el supuesto de monoparentalidad, por existir una única persona adoptante, guardadora con fines de adopción o acogedora, el periodo de suspensión será de treinta y dos semanas.

En el supuesto de fallecimiento del menor, el periodo de suspensión no se verá reducido, salvo que, una vez finalizadas las seis semanas de descanso obligatorio, se solicite la reincorporación al puesto de trabajo.

En caso de fallecimiento de una de las personas adoptantes, guardadoras con fines de adopción o acogedoras, la otra persona podrá hacer uso de la totalidad o, en su caso, de la parte que reste de permiso.

La suspensión del contrato de cada persona adoptante, guardador o acogedora por el cuidado de menor se distribuye de la siguiente manera:

a) Seis semanas deberán disfrutarse a jornada completa de forma obligatoria e ininterrumpida, inmediatamente después de la resolución judicial por la que se constituye la adopción o bien de la decisión administrativa de guarda con fines de adopción o de acogimiento.

---

que podrá solicitarse a partir del 1 enero 2026, conforme a la disp. trans. única RDL 9/2025 de 29 julio

[282] Dada nueva redacción apartado 4 por art. 1 de Real Decreto-Ley 9/2025 de 29 de julio de 2025, con vigencia desde 31/07/2025

[283] Véanse arts. 172 y ss. CC

b) Once semanas, veintidós en el caso de monoparentalidad, que podrán distribuirse, a voluntad de la persona trabajadora, en períodos semanales a disfrutar de forma acumulada o interrumpida y ejercitarse dentro de los doce meses siguientes a la resolución judicial por la que se constituya la adopción o bien a la decisión administrativa de guarda con fines de adopción o de acogimiento.

c) Dos semanas, cuatro en el caso de monoparentalidad, para el cuidado del menor que podrán distribuirse, a voluntad de la persona trabajadora, en períodos semanales de forma acumulada o interrumpida hasta que el menor cumpla los ocho años [284].

En ningún caso un mismo menor dará derecho a varios periodos de suspensión en la misma persona trabajadora.

En los supuestos de adopción internacional, cuando sea necesario el desplazamiento previo de los progenitores al país de origen del adoptado, el periodo de suspensión previsto para cada caso en este apartado podrá iniciarse hasta cuatro semanas antes de la resolución por la que se constituye la adopción [285].

Este derecho es individual de la persona trabajadora sin que pueda transferirse su ejercicio al otro adoptante, guardador con fines de adopción o acogedor.

Las suspensiones previstas en las letras b) y c) podrán disfrutarse en régimen de jornada completa o de jornada parcial, previo acuerdo entre la empresa y la persona trabajadora, y conforme se determine reglamentariamente. La persona trabajadora deberá comunicar a la empresa, con una antelación mínima de quince días, el ejercicio de este derecho en los términos establecidos, en su caso, en los convenios colectivos. Cuando los dos adoptantes, guardadores o acogedores que ejerzan este derecho trabajen para la misma empresa, la dirección empresarial podrá limitar su ejercicio simultáneo por razones fundadas y objetivas, debidamente motivadas por escrito. [286]

---

[284] Téngase en cuenta que la suspensión del contrato establecido en esta letra c) será de aplicación a los hechos causantes producidos a partir del 2 agosto 2024 y que podrá solicitarse a partir del 1 enero 2026, conforme a la disp. trans. única RDL 9/2025 de29 julio

[285] Véanse art. 9.5 CC y disp. adic. 5ª Ley 39/1999, de 5 noviembre, para promover la conciliación de la vida familiar y laboral de las personas trabajadoras

[286] Dada nueva redacción apartado 5 por art. 1 de Real Decreto-Ley 9/2025 de 29 de julio de 2025, con vigencia desde 31/07/2025

6. En el supuesto de discapacidad del hijo o hija en el nacimiento, adopción, en situación de guarda con fines de adopción o de acogimiento, la suspensión del contrato a que se refieren los apartados 4 y 5 tendrá una duración adicional de dos semanas, una para cada una de las personas progenitoras. Igual ampliación procederá en el supuesto de nacimiento, adopción, guarda con fines de adopción o acogimiento múltiple por cada hijo o hija distinta del primero. En caso de haber una única persona progenitora, esta podrá disfrutar de las ampliaciones completas previstas en este apartado para el caso de familias con dos personas progenitoras. [287] [288]

7. En el supuesto de riesgo durante el embarazo o de riesgo durante la lactancia natural, en los términos previstos en el artículo 26 de la Ley 31/1995, de 8 de noviembre, de Prevención de Riesgos Laborales, la suspensión del contrato finalizará el día en que se inicie la suspensión del contrato por parto o el lactante cumpla nueve meses, respectivamente, o, en ambos casos, cuando desaparezca la imposibilidad de la trabajadora de reincorporarse a su puesto anterior o a otro compatible con su estado. [289] [290]

8. En el supuesto previsto en el artículo 45.1.n), el periodo de suspensión tendrá una duración inicial que no podrá exceder de seis meses, salvo que de las actuaciones de tutela judicial resultase que la efectividad del derecho de protección de la víctima requiriese la continuidad de la suspensión. En este caso, el juez podrá prorrogar la

---

[287] Téngase en cuenta lo dispuesto en el RD 888/2022 de 18 octubre, por el que se establece el procedimiento para el reconocimiento, declaración y calificación del grado de discapacidad

[288] Dada nueva redacción apartado 6 por art. 127 apartado 6 de Real Decreto-Ley 5/2023 de 28 de junio de 2023, con vigencia desde 30/06/2023

[289] Véanse arts. 186 y 187 LGSS, aprobada por RDLeg. 8/2015 y disp. adic. 1ª RD 295/2009, de 6 de marzo, por el que se regulan las prestaciones económicas del sistema de la Seguridad Social por maternidad, paternidad, riesgo durante el embarazo y riesgo durante la lactancia natural

[290] Dada nueva redacción apartado 7 por art. 2 apartado 12 de Real Decreto-Ley 6/2019 de 1 de marzo de 2019, con vigencia desde 01/04/2019

suspensión por periodos de tres meses, con un máximo de dieciocho meses. [291] [292]

9. Los trabajadores se beneficiarán de cualquier mejora en las condiciones de trabajo a la que hubieran podido tener derecho durante la suspensión del contrato en los supuestos a que se refieren los apartados 4 a 8. [293] [294]

Apartado 10 (Derogado) [295]

48 bis. [296] 1. Las personas trabajadoras tendrán derecho a un permiso parental, para el cuidado de hijo, hija o menor acogido por tiempo superior a un año, hasta el momento en que el menor cumpla ocho años.

Este permiso, que tendrá una duración no superior a ocho semanas, continuas o discontinuas, podrá disfrutarse a tiempo completo, o en régimen de jornada a tiempo parcial conforme a lo establecido reglamentariamente.

2. Este permiso constituye un derecho individual de las personas trabajadoras, hombres o mujeres, sin que pueda transferirse su ejercicio.

Corresponderá a la persona trabajadora especificar la fecha de inicio y fin del disfrute o, en su caso, de los períodos de disfrute, debiendo comunicarlo a la empresa con una antelación de diez días o la concretada por los convenios colectivos, salvo fuerza mayor, teniendo

---

[291] Téngase en cuenta lo previsto en los arts. 61 a 69 LO 1/2004, de 28 diciembre, de Medidas de Protección Integral contra la Violencia de Género

[292] Dada nueva redacción apartado 8 por art. 2 apartado 12 de Real Decreto-Ley 6/2019 de 1 de marzo de 2019, con vigencia desde 01/04/2019

[293] Véanse Dir. 92/85/CEE del Consejo, de 19 octubre 1992, relativa a la aplicación de medidas para promover la mejora de la seguridad y de la salud en el trabajo de la trabajadora embarazada, que haya dado a luz o en período de lactancia y Dir. (UE) 2019/1158 del Parlamento europeo y del Consejo de 20 de junio de 2019 relativa a la conciliación de la vida familiar y la vida profesional de los progenitores y los cuidadores, y por la que se deroga la Directiva 2010/18/UE del Consejo

[294] Dada nueva redacción apartado 9 por art. 2 apartado 12 de Real Decreto-Ley 6/2019 de 1 de marzo de 2019, con vigencia desde 01/04/2019

[295] Derogado apartado 10 por art. 2 apartado 12 de Real Decreto-Ley 6/2019 de 1 de marzo de 2019, con vigencia desde 01/04/2019

[296] Añadido por art. 127 apartado 7 de Real Decreto-Ley 5/2023 de 28 de junio de 2023, con vigencia desde 30/06/2023

en cuenta la situación de aquella y las necesidades organizativas de la empresa.

En caso de que dos o más personas trabajadoras generasen este derecho por el mismo sujeto causante o en otros supuestos definidos por los convenios colectivos en los que el disfrute del permiso parental en el período solicitado altere seriamente el correcto funcionamiento de la empresa, ésta podrá aplazar la concesión del permiso por un período razonable, justificándolo por escrito y después de haber ofrecido una alternativa de disfrute igual de flexible.

Sección 4ª
Extinción del contrato

49. *Extinción del contrato.* 1. El contrato de trabajo se extinguirá: [297]

a) Por mutuo acuerdo de las partes. [298]

b) Por las causas consignadas válidamente en el contrato salvo que las mismas constituyan abuso de derecho manifiesto por parte del empresario.

c) Por expiración del tiempo convenido. A la finalización del contrato, excepto en los contratos formativos y el contrato de duración determinada por causa de sustitución, la persona trabajadora tendrá derecho a recibir una indemnización de cuantía equivalente a la parte proporcional de la cantidad que resultaría de abonar doce días de salario por cada año de servicio, o la establecida, en su caso, en la normativa específica que sea de aplicación.

---

[297] Véase la prohibición a las empresas de despedir por causa de fuerza mayor y por causas ETOP derivadas de la DANA ocurrida entre el 28 de octubre y el 4 de noviembre de 2024, del art. 46.1 RDL 7/2024, de 11 de noviembre, si se han acogido a las medidas del art. 44 del citado real decreto-ley o son beneficiarias de ayudas directas. El incumplimiento de esta obligación conlleva el reintegro de la ayuda recibida y la calificación del despido como nulo. Conforme a la disp. adic. 8ª RDL 8/2024, de 28 de noviembre, dicho incumplimiento tendrá efectos respecto de la obligación de reintegro de las exenciones en la cotización fijadas en el art. 18 RDL 6/2024, de 5 de noviembre

[298] Véase art. 13 a) RD 1006/1985, de 26 junio, por el que se regula la Relación Laboral Especial de los Deportistas Profesionales

Los contratos de duración determinada que tengan establecido plazo máximo de duración, incluidos los contratos formativos, concertados por una duración inferior a la máxima legalmente establecida, se entenderán prorrogados automáticamente hasta dicho plazo cuando no medie denuncia o prórroga expresa y el trabajador continúe prestando servicios [299].

Expirada dicha duración máxima, si no hubiera denuncia y se continuara en la prestación laboral, el contrato se considerará prorrogado tácitamente por tiempo indefinido, salvo prueba en contrario que acredite la naturaleza temporal de la prestación.

Si el contrato de trabajo de duración determinada es superior a un año, la parte del contrato que formule la denuncia está obligada a notificar a la otra la terminación del mismo con una antelación mínima de quince días [300] . [301]

d) Por dimisión del trabajador, debiendo mediar el preaviso que señalen los convenios colectivos o la costumbre del lugar. [302]

e) Por muerte de la persona trabajadora. [303]

f) Por jubilación del trabajador. [304]

---

[299] Véanse arts. 19 a 22 RD 488/1998, de 27 marzo, por el que se desarrolla el art. 11 ET y art. 8.2 RD 2720/1998, de 18 diciembre, por el que se desarrolla el art. 15 ET en materia de contratos de duración determinada

[300] Véase art. 8.3 RD 2720/1998, de 18 diciembre, por el que se desarrolla el art. 15 ET en materia de contratos de duración determinada

[301] Dada nueva redacción apartado 1 apartado c por art. 1 apartado 8 de Real Decreto-Ley 32/2021 de 28 de diciembre de 2021, con vigencia desde 31/12/2021

[302] Véanse art. 10.1 y 2 RD 1382/1985, de 1 agosto, por el que se regula la Relación Laboral de carácter Especial del personal de Alta Dirección, art. 11 RD 1620/2011, de 14 de noviembre, por el que se regula la relación laboral de carácter especial del servicio del hogar familiar, art. 16 RD 1006/1985, de 26 junio, por el que se regula la Relación Laboral Especial de los Deportistas Profesionales, art. 11.1 d) RD 1146/2006, de 6 octubre, por el que se regula la relación laboral especial de residencia para la formación de especialistas en Ciencias de la Salud y art. 22 RD 1331/2006, de 17 noviembre, por el que se regula la relación laboral de carácter especial de los abogados que prestan servicios en despachos de abogados, individuales o colectivos

[303] Dada nueva redacción apartado 1 apartado e por art. 1 apartado 2 de Ley 2/2025 de 29 de abril de 2025, con vigencia desde 01/05/2025

[304] Véanse arts. 204, 213 y 215 LGSS, aprobada por RDLeg. 8/2015, arts. 9 y ss. RD 1131/2002, de 31 octubre, por el que se regula la Seguridad Social de los trabajadores contratados a tiempo parcial, así como la jubilación parcial, arts. 5 y ss. RD 1132/2002, de 31 octubre, de desarrollo de determinados preceptos de la Ley 35/2002, de 12 julio, de medidas para el establecimiento de un sistema de jubilación gradual y flexible y art. 12.6 de la presente Ley

g) Por muerte, jubilación en los casos previstos en el régimen correspondiente de la Seguridad Social, o incapacidad del empresario, sin perjuicio de lo dispuesto en el artículo 44, o por extinción de la personalidad jurídica del contratante. [305]

En los casos de muerte, jubilación o incapacidad del empresario, el trabajador tendrá derecho al abono de una cantidad equivalente a un mes de salario [306].

En los casos de extinción de la personalidad jurídica del contratante deberán seguirse los trámites del artículo 51. [307]

h) Por fuerza mayor que imposibilite definitivamente la prestación de trabajo, siempre que su existencia haya sido debidamente constatada conforme a lo dispuesto en el artículo 51.7.

i) Por despido colectivo fundado en causas económicas, técnicas, organizativas o de producción. [308]

j) Por voluntad del trabajador, fundamentada en un incumplimiento contractual del empresario. [309]

k) Por despido del trabajador. [310]

l) Por causas objetivas legalmente procedentes. [311]

---

[305] Véanse D 2530/1970, de 20 agosto, por el que se regula el régimen especial de la Seguridad Social de los trabajadores por cuenta propia o autónomos y Ley 47/2015, de 21 de octubre, reguladora de la protección social de las personas trabajadoras del sector marítimo-pesquero

[306] Véase la S TJUE 11-07-2024, nº C-196/23 que declara contraria a los arts. 1.1 y 2 de la Directiva 98/59/CE del Consejo, de 20 de julio de 1998, la normativa española prevista en este artículo sobre extinción de contratos de trabajo por jubilación del empresario persona física, al no calificarse de «despido colectivo» las extinciones que superen el número previsto en dicho art. 1.1 y, por tanto, no den lugar a la información y consulta a los representantes de los trabajadores previstas en el referido artículo 2. No obstante, no obliga al tribunal a inaplicar la norma nacional

[307] Véanse art. 13 e) RD 1006/1985, de 26 junio, por el que se regula la Relación Laboral Especial de los Deportistas Profesionales y art. 30 RD 1483/2012 de 29 octubre, por el que se aprueba el Reglamento de los procedimientos de despido colectivo y de suspensión de contratos y reducción de jornada

[308] Véase art. 51 de la presente Ley

[309] Véase art. 50 de la presente Ley

[310] Véase art. 54 y ss. de la presente Ley

[311] Véanse arts. 52 y 53 de la presente Ley

m) Por decisión de la trabajadora que se vea obligada a abandonar definitivamente su puesto de trabajo como consecuencia de ser víctima de violencia de género o de violencia sexual [312] . [313]

n) Por declaración de gran incapacidad, incapacidad permanente absoluta o total de la persona trabajadora, sin perjuicio de lo dispuesto en el artículo 48.2, cuando no sea posible realizar los ajustes razonables por constituir una carga excesiva para la empresa, cuando no exista un puesto de trabajo vacante y disponible, acorde con el perfil profesional y compatible con la nueva situación de la persona trabajadora o cuando existiendo dicha posibilidad la persona trabajadora rechace el cambio de puesto de trabajo adecuadamente propuesto [314] .

Para determinar si la carga es excesiva se tendrá particularmente en cuenta el coste de las medidas de adaptación en relación con el tamaño, los recursos económicos, la situación económica y el volumen de negocios total de la empresa. La carga no se considerará excesiva cuando sea paliada en grado suficiente mediante medidas, ayudas o subvenciones públicas.

Sin perjuicio de lo anterior, en las empresas que empleen a menos de 25 personas trabajadoras se considerará excesiva la carga cuando el coste de adaptación del puesto de trabajo, sin tener en cuenta la parte que pueda ser sufragada con ayudas o subvenciones públicas, supere la cuantía mayor de entre las siguientes:

1.ª La indemnización que correspondiera a la persona trabajadora en virtud de lo establecido en el artículo 56.1.

2.ª Seis meses de salario de la persona trabajadora que solicita la adaptación.

La persona trabajadora dispondrá de un plazo de diez días naturales desde la fecha en que se le notifique la resolución en la que se califique la incapacidad permanente en alguno de los grados citados en el párrafo primero de esta letra n) para manifestar por escrito a la empresa su voluntad de mantener la relación laboral.

---

[312] Véase art. 21 LO 1/2004, de 28 diciembre, de Medidas de Protección Integral contra la Violencia de Género

[313] Dada nueva redacción apartado 1 apartado m por disposición final 9 apartado 4 de Ley Orgánica 2/2024 de 1 de agosto de 2024, con vigencia desde 22/08/2024

[314] Véanse arts. 194 y 198.1 LGSS, aprobada por RDLeg. 8/2015 y arts. 35 a 42 RDLeg. 1/2013, de 29 noviembre, por el que se aprueba el Texto Refundido de la Ley General de derechos de las personas con discapacidad y de su inclusión social

La empresa dispondrá de un plazo máximo de tres meses, contados desde la fecha en que se le notifique la resolución en la que se califique la incapacidad permanente, para realizar los ajustes razonables o el cambio de puesto de trabajo. Cuando el ajuste suponga una carga excesiva o no exista puesto de trabajo vacante, la empresa dispondrá del mismo plazo para proceder a la extinción del contrato. La decisión será motivada y deberá comunicarse por escrito a la persona trabajadora.

Los servicios de prevención determinarán, de conformidad con lo establecido en la normativa aplicable y previa consulta con la representación de las personas trabajadoras en materia de prevención de riesgos laborales, el alcance y las características de las medidas de ajuste, incluidas las relativas a la formación, información y vigilancia de la salud de la persona trabajadora, e identificarán los puestos de trabajo compatibles con la nueva situación de la persona trabajadora. [315]

2. El empresario, con ocasión de la extinción del contrato, al comunicar a los trabajadores la denuncia, o, en su caso, el preaviso de la extinción del mismo, deberá acompañar una propuesta del documento de liquidación de las cantidades adeudadas. [316]

El trabajador podrá solicitar la presencia de un representante legal de los trabajadores en el momento de proceder a la firma del recibo del finiquito, haciéndose constar en el mismo el hecho de su firma en presencia de un representante legal de los trabajadores, o bien que el trabajador no ha hecho uso de esta posibilidad. Si el empresario impidiese la presencia del representante en el momento de la firma, el trabajador podrá hacerlo constar en el propio recibo, a los efectos oportunos.

---

[315] Añadido apartado 1 apartado n por art. 1 apartado 3 de Ley 2/2025 de 29 de abril de 2025, con vigencia desde 01/05/2025

[316] Véase art. 7.4 LISOS

50. *Extinción por voluntad del trabajador.* [317] 1. Serán causas justas para que el trabajador pueda solicitar la extinción del contrato [318]:

a) Las modificaciones sustanciales en las condiciones de trabajo llevadas a cabo sin respetar lo previsto en el artículo 41 y que redunden en menoscabo de la dignidad del trabajador [319].

b) La falta de pago o retrasos continuados en el abono del salario pactado.

Sin perjuicio de otros supuestos que por el juez, la jueza o el tribunal puedan considerarse causa justa a estos efectos, se entenderá que hay retraso cuando se supere en quince días la fecha fijada para el abono del salario, concurriendo la causa cuando se adeuden al trabajador o la trabajadora, en el período de un año, tres mensualidades completas de salario, aún no consecutivas, o cuando concurra retraso en el pago del salario durante seis meses, aún no consecutivos.

c) Cualquier otro incumplimiento grave de sus obligaciones por parte del empresario, salvo los supuestos de fuerza mayor, así como la negativa del mismo a reintegrar al trabajador o la trabajadora en sus anteriores condiciones de trabajo en los supuestos previstos en los artículos 40 y 41, cuando una sentencia judicial haya declarado los mismos injustificados [320].

2. En tales casos, el trabajador tendrá derecho a las indemnizaciones señaladas para el despido improcedente.

51. *Despido colectivo.* 1. A efectos de lo dispuesto en esta ley se entenderá por despido colectivo la extinción de contratos de trabajo

---

[317] Dada nueva redacción por disposición final 26 apartado 1 de Ley Orgánica 1/2025 de 2 de enero de 2025, con vigencia desde 03/04/2025

[318] Véanse art. 10.3 y 2 RD 1382/1985, de 1 agosto, por el que se regula la Relación Laboral de carácter Especial del personal de Alta Dirección, art. 11 RD 1620/2011, de 14 de noviembre, por el que se regula la relación laboral de carácter especial del servicio del hogar familiar, art.16.2 RD 1006/1985, de 26 junio, por el que se regula la Relación Laboral Especial de los Deportistas Profesionales, art. 11.1 d) RD 1146/2006, de 6 octubre, por el que se regula la relación laboral especial de residencia para la formación de especialistas en Ciencias de la Salud, y art. 22 RD 1331/2006, de 17 noviembre, por el que se regula la relación laboral de carácter especial de los abogados que prestan servicios en despachos de abogados, individuales o colectivos

[319] Véase art. 41.3 de la presente Ley

[320] Véase art. 64 Ley 22/2003, de 9 julio, Concursal

fundada en causas económicas, técnicas, organizativas o de producción cuando, en un periodo de noventa días, la extinción afecte al menos a: [321]

a) Diez trabajadores, en las empresas que ocupen menos de cien trabajadores.

b) El diez por ciento del número de trabajadores de la empresa en aquellas que ocupen entre cien y trescientos trabajadores.

c) Treinta trabajadores en las empresas que ocupen más de trescientos trabajadores.

Se entiende que concurren causas económicas cuando de los resultados de la empresa se desprenda una situación económica negativa, en casos tales como la existencia de pérdidas actuales o previstas, o la disminución persistente de su nivel de ingresos ordinarios o ventas. En todo caso, se entenderá que la disminución es persistente si durante tres trimestres consecutivos el nivel de ingresos ordinarios o ventas de cada trimestre es inferior al registrado en el mismo trimestre del año anterior.

Se entiende que concurren causas técnicas cuando se produzcan cambios, entre otros, en el ámbito de los medios o instrumentos de producción; causas organizativas cuando se produzcan cambios, entre otros, en el ámbito de los sistemas y métodos de trabajo del personal o en el modo de organizar la producción y causas productivas cuando se produzcan cambios, entre otros, en la demanda de los productos o servicios que la empresa pretende colocar en el mercado.

Se entenderá igualmente como despido colectivo la extinción de los contratos de trabajo que afecten a la totalidad de la plantilla de la empresa, siempre que el número de trabajadores afectados sea superior a cinco, cuando aquel se produzca como consecuencia de la cesación total de su actividad empresarial fundada en las mismas causas anteriormente señaladas.

Para el cómputo del número de extinciones de contratos a que se refiere el párrafo primero de este apartado, se tendrán en cuenta asimismo cualesquiera otras producidas en el periodo de referencia

---

[321] Véanse arts. 1 a 15 y 25 a 29 RD 1483/2012 de 29 octubre, por el que se aprueba el Reglamento de los procedimientos de despido colectivo y de suspensión de contratos y reducción de jornada, Ley 27/1984, de 26 julio, sobre Reconversión y Reindustrialización, RD 825/1993, de 28 mayo, por el que se determina las medidas laborales y de Seguridad Social específicas a que se refiere el art. 6 Ley 21/1992, de 16 julio, de industria y art. 64 Ley 22/2003, de 9 julio, Concursal

por iniciativa del empresario en virtud de otros motivos no inherentes a la persona del trabajador distintos de los previstos en el artículo 49.1.c), siempre que su número sea, al menos, de cinco.

Cuando en periodos sucesivos de noventa días y con el objeto de eludir las previsiones contenidas en este artículo, la empresa realice extinciones de contratos al amparo de lo dispuesto en el artículo 52.c) en un número inferior a los umbrales señalados, y sin que concurran causas nuevas que justifiquen tal actuación, dichas nuevas extinciones se considerarán efectuadas en fraude de ley, y serán declaradas nulas y sin efecto. [322]

2. El despido colectivo deberá ir precedido de un periodo de consultas con los representantes legales de los trabajadores de una duración no superior a treinta días naturales, o de quince en el caso de empresas de menos de cincuenta trabajadores. La consulta con los representantes legales de los trabajadores deberá versar, como mínimo, sobre las posibilidades de evitar o reducir los despidos colectivos y de atenuar sus consecuencias mediante el recurso a medidas sociales de acompañamiento, tales como medidas de recolocación o acciones de formación o reciclaje profesional para la mejora de la empleabilidad. La consulta se llevará a cabo en una única comisión negociadora, si bien, de existir varios centros de trabajo, quedará circunscrita a los centros afectados por el procedimiento. La comisión negociadora estará integrada por un máximo de trece miembros en representación de cada una de las partes.

La intervención como interlocutores ante la dirección de la empresa en el procedimiento de consultas corresponderá a los sujetos indicados en el artículo 41.4, en el orden y condiciones señalados en el mismo.

La comisión representativa de los trabajadores deberá quedar constituida con carácter previo a la comunicación empresarial de apertura del periodo de consultas. A estos efectos, la dirección de la empresa deberá comunicar de manera fehaciente a los trabajadores o a sus representantes su intención de iniciar el procedimiento de despido colectivo. El plazo máximo para la constitución de la comisión representativa será de siete días desde la fecha de la referida comunicación, salvo que alguno de los centros de trabajo que vaya a estar afectado por el procedimiento no cuente con representantes legales de los trabajadores, en cuyo caso el plazo será de quince días.

---

[322] Véase Dir. 98/59/CE del Consejo, de 20 julio 1998, relativa a la aproximación de las legislaciones de los Estados miembros que se refieren a los despidos colectivos

Transcurrido el plazo máximo para la constitución de la comisión representativa, la dirección de la empresa podrá comunicar formalmente a los representantes de los trabajadores y a la autoridad laboral el inicio del periodo de consultas. La falta de constitución de la comisión representativa no impedirá el inicio y transcurso del periodo de consultas, y su constitución con posterioridad al inicio del mismo no comportará, en ningún caso, la ampliación de su duración.

La comunicación de la apertura del periodo de consultas se realizará mediante escrito dirigido por el empresario a los representantes legales de los trabajadores, una copia del cual se hará llegar a la autoridad laboral. En dicho escrito se consignarán los siguientes extremos:

a) La especificación de las causas del despido colectivo conforme a lo establecido en el apartado 1.

b) Número y clasificación profesional de los trabajadores afectados por el despido.

c) Número y clasificación profesional de los trabajadores empleados habitualmente en el último año.

d) Periodo previsto para la realización de los despidos.

e) Criterios tenidos en cuenta para la designación de los trabajadores afectados por los despidos.

f) Copia de la comunicación dirigida a los trabajadores o a sus representantes por la dirección de la empresa de su intención de iniciar el procedimiento de despido colectivo.

g) Representantes de los trabajadores que integrarán la comisión negociadora o, en su caso, indicación de la falta de constitución de esta en los plazos legales.

La comunicación a los representantes legales de los trabajadores y a la autoridad laboral deberá ir acompañada de una memoria explicativa de las causas del despido colectivo y de los restantes aspectos señalados en el párrafo anterior, así como de la documentación contable y fiscal y los informes técnicos, todo ello en los términos que reglamentariamente se establezcan.

Recibida la comunicación, la autoridad laboral dará traslado de la misma a la entidad gestora de las prestaciones por desempleo y recabará, con carácter preceptivo, informe de la Inspección de Trabajo y Seguridad Social que deberá ser evacuado en el improrrogable plazo de quince días desde la notificación a la autoridad laboral de la finalización del periodo de consultas y quedará incorporado al procedimiento.

El informe de la inspección, además de comprobar los extremos de la comunicación y el desarrollo del periodo de consultas, se pronunciará sobre la concurrencia de las causas especificadas por la empresa en la comunicación inicial, y constatará que la documentación presentada por esta se ajusta a la exigida en función de la causa concreta alegada para despedir.

Durante el periodo de consultas, las partes deberán negociar de buena fe, con vistas a la consecución de un acuerdo.

Dicho acuerdo requerirá la conformidad de la mayoría de los representantes legales de los trabajadores o, en su caso, de la mayoría de los miembros de la comisión representativa de los trabajadores siempre que, en ambos casos, representen a la mayoría de los trabajadores del centro o centros de trabajo afectados.

El empresario y la representación de los trabajadores podrán acordar en cualquier momento la sustitución del periodo de consultas por el procedimiento de mediación o arbitraje que sea de aplicación en el ámbito de la empresa, que deberá desarrollarse dentro del plazo máximo señalado para dicho periodo.

La autoridad laboral velará por la efectividad del periodo de consultas pudiendo remitir, en su caso, advertencias y recomendaciones a las partes que no supondrán, en ningún caso, la paralización ni la suspensión del procedimiento. Igualmente y sin perjuicio de lo establecido en el párrafo anterior, la autoridad laboral podrá realizar durante el periodo de consultas, a petición conjunta de las partes, las actuaciones de mediación que resulten convenientes con el fin de buscar soluciones a los problemas planteados por el despido colectivo. Con la misma finalidad también podrá realizar funciones de asistencia a petición de cualquiera de las partes o por propia iniciativa.

Transcurrido el periodo de consultas el empresario comunicará a la autoridad laboral el resultado del mismo. Si se hubiera alcanzado acuerdo, trasladará copia íntegra del mismo. En caso contrario, remitirá a los representantes de los trabajadores y a la autoridad laboral la decisión final de despido colectivo que haya adoptado y las condiciones del mismo.

Si en el plazo de quince días desde la fecha de la última reunión celebrada en el periodo de consultas, el empresario no hubiera comunicado a los representantes de los trabajadores y a la autoridad laboral su decisión sobre el despido colectivo, se producirá la caducidad del procedimiento de despido colectivo en los términos que reglamentariamente se establezcan. [323]

3. Cuando la extinción afectase a más del cincuenta por ciento de los trabajadores, se dará cuenta por el empresario de la venta de los bienes de la empresa, excepto de aquellos que constituyen el tráfico normal de la misma, a los representantes legales de los trabajadores y, asimismo, a la autoridad competente.

4. Alcanzado el acuerdo o comunicada la decisión a los representantes de los trabajadores, el empresario podrá notificar los despidos individualmente a los trabajadores afectados, lo que deberá realizar conforme a lo establecido en el artículo 53.1. En todo caso, deberán haber transcurrido como mínimo treinta días entre la fecha de la comunicación de la apertura del periodo de consultas a la autoridad laboral y la fecha de efectos del despido.

5. Los representantes legales de los trabajadores tendrán prioridad de permanencia en la empresa en los supuestos a que se refiere este artículo. Mediante convenio colectivo o acuerdo alcanzado durante el periodo de consultas se podrán establecer prioridades de permanencia a favor de otros colectivos, tales como trabajadores con cargas familiares, mayores de determinada edad o personas con discapacidad. [324]

6. La decisión empresarial podrá impugnarse a través de las acciones previstas para este despido. La interposición de la demanda por los representantes de los trabajadores paralizará la tramitación de las acciones individuales iniciadas, hasta la resolución de aquella.

La autoridad laboral podrá impugnar los acuerdos adoptados en el periodo de consultas cuando estime que estos se han alcanzado mediante fraude, dolo, coacción o abuso de derecho a efectos de su posible declaración de nulidad, así como cuando la entidad gestora de las prestaciones por desempleo hubiese informado de que la decisión extintiva empresarial pudiera tener por objeto la obtención indebida de las prestaciones por parte de los trabajadores afectados por inexistencia de la causa motivadora de la situación legal de desempleo.

7. La existencia de fuerza mayor, como causa motivadora de la extinción de los contratos de trabajo, deberá ser constatada por la

---

[323] Dada nueva redacción apartado 2 por disposición final 8 apartado 2 de Ley 3/2023 de 28 de febrero de 2023, con vigencia desde 02/03/2023
[324] Véase art. 68 b) de la presente Ley

autoridad laboral, cualquiera que sea el número de los trabajadores afectados, previo procedimiento tramitado conforme a lo dispuesto en este apartado y en sus disposiciones de desarrollo reglamentario. [325]

El procedimiento se iniciará mediante solicitud de la empresa, acompañada de los medios de prueba que estime necesarios y simultánea comunicación a los representantes legales de los trabajadores, quienes ostentarán la condición de parte interesada en la totalidad de la tramitación del procedimiento.

La resolución de la autoridad laboral se dictará, previas las actuaciones e informes indispensables, en el plazo de cinco días desde la solicitud y deberá limitarse, en su caso, a constatar la existencia de la fuerza mayor alegada por la empresa, correspondiendo a esta la decisión sobre la extinción de los contratos, que surtirá efectos desde la fecha del hecho causante de la fuerza mayor. La empresa deberá dar traslado de dicha decisión a los representantes de los trabajadores y a la autoridad laboral.

La autoridad laboral que constate la fuerza mayor podrá acordar que la totalidad o una parte de la indemnización que corresponda a los trabajadores afectados por la extinción de sus contratos sea satisfecha por el Fondo de Garantía Salarial, sin perjuicio del derecho de este a resarcirse del empresario.

8. Las obligaciones de información y documentación previstas en este artículo se aplicarán con independencia de que la decisión relativa a los despidos colectivos haya sido tomada por el empresario o por la empresa que ejerza el control sobre él. Cualquier justificación del empresario basada en el hecho de que la empresa que tomó la decisión no le ha facilitado la información necesaria no podrá ser tomada en consideración a tal efecto.

9. Cuando se trate de procedimientos de despidos colectivos de empresas no incursas en procedimiento concursal, que incluyan trabajadores con cincuenta y cinco o más años de edad que no tuvieren la condición de mutualistas el 1 de enero de 1967, existirá la obligación de abonar las cuotas destinadas a la financiación de un convenio especial respecto de los trabajadores anteriormente señalados en los términos previstos en el texto refundido de la Ley General de la Seguridad Social.

---

[325] Véanse arts. 31 a 33 RD 1483/2012 de 29 octubre, por el que se aprueba el Reglamento de los procedimientos de despido colectivo y de suspensión de contratos y reducción de jornada

10. La empresa que lleve a cabo un despido colectivo que afecte a más de cincuenta trabajadores deberá ofrecer a los trabajadores afectados un plan de recolocación externa a través de empresas de recolocación autorizadas. Dicho plan, diseñado para un periodo mínimo de seis meses, deberá incluir medidas de formación y orientación profesional, atención personalizada al trabajador afectado y búsqueda activa de empleo. En todo caso, lo anterior no será de aplicación en las empresas que se hubieran sometido a un procedimiento concursal. El coste de la elaboración e implantación de dicho plan no recaerá en ningún caso sobre los trabajadores.

La autoridad laboral, a través del servicio público de empleo competente, verificará la acreditación del cumplimiento de esta obligación y, en su caso, requerirá a la empresa para que proceda a su cumplimiento.

Sin perjuicio de lo establecido en el párrafo anterior y de las responsabilidades administrativas correspondientes, el incumplimiento de la obligación establecida en este apartado o de las medidas sociales de acompañamiento asumidas por el empresario, podrá dar lugar a la reclamación de su cumplimiento por parte de los trabajadores.

11. Las empresas que realicen despidos colectivos de acuerdo con lo establecido en este artículo, y que incluyan a trabajadores de cincuenta o más años de edad, deberán efectuar una aportación económica al Tesoro Público de acuerdo con lo establecido legalmente.

52. *Extinción del contrato por causas objetivas.* El contrato podrá extinguirse:

a) Por ineptitud del trabajador conocida o sobrevenida con posterioridad a su colocación efectiva en la empresa. La ineptitud existente con anterioridad al cumplimiento de un periodo de prueba no podrá alegarse con posterioridad a dicho cumplimiento. [326]

b) Por falta de adaptación del trabajador a las modificaciones técnicas operadas en su puesto de trabajo, cuando dichos cambios sean razonables. Previamente el empresario deberá ofrecer al trabajador un curso dirigido a facilitar la adaptación a las modificaciones operadas. El tiempo destinado a la formación se considerará en todo caso tiempo de trabajo efectivo y el empresario abonará al trabajador el salario

---

[326] Véase art. 14 de la presente Ley

medio que viniera percibiendo. La extinción no podrá ser acordada por el empresario hasta que hayan transcurrido, como mínimo, dos meses desde que se introdujo la modificación o desde que finalizó la formación dirigida a la adaptación.

c) Cuando concurra alguna de las causas previstas en el artículo 51.1 y la extinción afecte a un número inferior al establecido en el mismo. [327]

Los representantes de los trabajadores tendrán prioridad de permanencia en la empresa en el supuesto al que se refiere este apartado.

Letra d (Derogada) [328]

e) En el caso de contratos por tiempo indefinido concertados directamente por entidades sin ánimo de lucro para la ejecución de planes y programas públicos determinados, sin dotación económica estable y financiados por las Administraciones Públicas mediante consignaciones presupuestarias o extrapresupuestarias anuales consecuencia de ingresos externos de carácter finalista, por la insuficiencia de la correspondiente consignación para el mantenimiento del contrato de trabajo de que se trate.

Cuando la extinción afecte a un número de trabajadores igual o superior al establecido en el artículo 51.1 se deberá seguir el procedimiento previsto en dicho artículo. [329]

53. *Forma y efectos de la extinción por causas objetivas.* 1. La adopción del acuerdo de extinción al amparo de lo prevenido en el artículo anterior exige la observancia de los requisitos siguientes: [330]

a) Comunicación escrita al trabajador expresando la causa.

b) Poner a disposición del trabajador, simultáneamente a la entrega de la comunicación escrita, la indemnización de veinte días por año de servicio, prorrateándose por meses los periodos de tiempo inferiores a un año y con un máximo de doce mensualidades.

---

[327] Véase art. 39.3 de la presente Ley

[328] Derogada letra d por art. único de Real Decreto-Ley 4/2020 de 18 de febrero de 2020, reiterándose la derogación por Ley 1/2020 de 15 julio, con vigencia desde 20/02/2020

[329] Véase art. 16 RD 1368/1985, de 17 julio, por el que se regula la Relación Laboral de carácter Especial de los Minusválidos que trabajen en los Centros Especiales de Empleo

[330] Véanse arts. 120 a 123 LRJS

Cuando la decisión extintiva se fundase en el artículo 52.c), con alegación de causa económica, y como consecuencia de tal situación económica no se pudiera poner a disposición del trabajador la indemnización a que se refiere el párrafo anterior, el empresario, haciéndolo constar en la comunicación escrita, podrá dejar de hacerlo, sin perjuicio del derecho del trabajador de exigir de aquel su abono cuando tenga efectividad la decisión extintiva.

c) Concesión de un plazo de preaviso de quince días, computado desde la entrega de la comunicación personal al trabajador hasta la extinción del contrato de trabajo. En el supuesto contemplado en el artículo 52.c), del escrito de preaviso se dará copia a la representación legal de los trabajadores para su conocimiento.

2. Durante el periodo de preaviso el trabajador, o su representante legal si se trata de una persona con discapacidad que lo tuviera, tendrá derecho, sin pérdida de su retribución, a una licencia de seis horas semanales con el fin de buscar nuevo empleo.

3. Contra la decisión extintiva podrá recurrir como si se tratase de despido disciplinario.

4. Cuando la decisión extintiva del empresario tuviera como móvil algunas de las causas de discriminación prohibidas en la Constitución o en la ley o bien se hubiera producido con violación de derechos fundamentales y libertades públicas del trabajador, la decisión extintiva será nula, debiendo la autoridad judicial hacer tal declaración de oficio.

Será también nula la decisión extintiva en los siguientes supuestos:

a) El de las personas trabajadoras durante los periodos de suspensión del contrato de trabajo por nacimiento, adopción, guarda con fines de adopción, acogimiento, riesgo durante el embarazo, riesgo durante la lactancia natural, a que se refiere el artículo 45.1.d) y e), disfrute del permiso parental a que se refiere el artículo 48 bis, o por enfermedades causadas por embarazo, parto o lactancia natural, o cuando se notifique la decisión en una fecha tal que el plazo de preaviso concedido finalice dentro de dichos periodos.

b) El de las trabajadoras embarazadas, desde la fecha de inicio del embarazo hasta el comienzo del periodo de suspensión a que se refiere la letra a); el de las personas trabajadoras que hayan solicitado uno de los permisos a los que se refieren los apartados 3.b), 4, 5 y 6 del artículo 37, o estén disfrutando de ellos, o hayan solicitado o estén disfrutando de las adaptaciones de jornada previstas en el artículo

34.8 o la excedencia prevista en el artículo 46.3; y el de las personas trabajadoras víctimas de violencia de género o de violencia sexual, por el ejercicio de su derecho a la tutela judicial efectiva o de los derechos reconocidos en esta ley para hacer efectiva su protección o su derecho a la asistencia social integral. [331]

c) El de las personas trabajadoras después de haberse reintegrado al trabajo al finalizar los periodos de suspensión del contrato por nacimiento, adopción, guarda con fines de adopción o acogimiento, a que se refiere el artículo 45.1.d), siempre que no hubieran transcurrido más de doce meses desde la fecha del nacimiento, la adopción, la guarda con fines de adopción o el acogimiento.

Lo establecido en las letras anteriores será de aplicación, salvo que, en esos casos, se declare la procedencia de la decisión extintiva por motivos no relacionados con el embarazo o con el ejercicio del derecho a los permisos y excedencia señalados. Para considerarse procedente deberá acreditarse suficientemente que la causa objetiva que sustenta el despido requiere concretamente la extinción del contrato de la persona referida.

En el resto de los supuestos, la decisión extintiva se considerará procedente cuando se acredite la concurrencia de la causa en que se fundamentó la decisión extintiva y se hubiesen cumplido los requisitos establecidos en el apartado 1. En otro caso se considerará improcedente.

No obstante, la no concesión del preaviso o el error excusable en el cálculo de la indemnización no determinará la improcedencia del despido, sin perjuicio de la obligación del empresario de abonar los salarios correspondientes a dicho periodo o al pago de la indemnización en la cuantía correcta, con independencia de los demás efectos que procedan. [332]

5. La calificación por la autoridad judicial de la nulidad, procedencia o improcedencia de la decisión extintiva producirá iguales efectos

---

[331] Dada nueva redacción apartado 4 apartado b por disposición final 26 apartado 2 de Ley Orgánica 1/2025 de 2 de enero de 2025, con vigencia desde 03/04/2025
[332] Dada nueva redacción apartado 4 por art. 127 apartado 8 de Real Decreto-Ley 5/2023 de 28 de junio de 2023, con vigencia desde 30/06/2023

que los indicados para el despido disciplinario, con las siguientes modificaciones: [333]

a) En caso de procedencia, el trabajador tendrá derecho a la indemnización prevista en el apartado 1, consolidándola de haberla recibido, y se entenderá en situación de desempleo por causa a él no imputable.

b) Si la extinción se declara improcedente y el empresario procede a la readmisión, el trabajador habrá de reintegrarle la indemnización percibida. En caso de sustitución de la readmisión por compensación económica, se deducirá de esta el importe de dicha indemnización.

54. *Despido disciplinario.* 1. El contrato de trabajo podrá extinguirse por decisión del empresario, mediante despido basado en un incumplimiento grave y culpable del trabajador. [334]

2. Se considerarán incumplimientos contractuales: [335]

a) Las faltas repetidas e injustificadas de asistencia o puntualidad al trabajo.

b) La indisciplina o desobediencia en el trabajo. [336]

c) Las ofensas verbales o físicas al empresario o a las personas que trabajan en la empresa o a los familiares que convivan con ellos.

d) La transgresión de la buena fe contractual, así como el abuso de confianza en el desempeño del trabajo.

e) La disminución continuada y voluntaria en el rendimiento de trabajo normal o pactado.

f) La embriaguez habitual o toxicomanía si repercuten negativamente en el trabajo. [337]

g) El acoso por razón de origen racial o étnico, religión o convicciones, discapacidad, edad u orientación sexual y el acoso sexual o

---

[333] Véase disp. trans. 11ª de la presente Ley

[334] Véase art. 7 Convenio 158 OIT, de 22 junio 1982, sobre la terminación de la relación de trabajo por iniciativa del empleador

[335] Véanse arts. 16 y 33 RDL 17/1977, de 4 marzo, sobre Relaciones de Trabajo

[336] Véanse art. 21.4 LO 1/2004, de 28 diciembre, de Medidas de Protección Integral contra la Violencia de Género y art. 49 d) RDLeg. 5/2015, de 30 de octubre, texto refundido de la Ley del Estatuto Básico del Empleado Público

[337] Véase art. 14.3 Ley 44/2007, de 13 diciembre, para la regulación del régimen de las empresas de inserción

por razón de sexo al empresario o a las personas que trabajan en la empresa.

55. *Forma y efectos del despido disciplinario.* 1. El despido deberá ser notificado por escrito al trabajador, haciendo figurar los hechos que lo motivan y la fecha en que tendrá efectos. [338]

Por convenio colectivo podrán establecerse otras exigencias formales para el despido.

Cuando el trabajador fuera representante legal de los trabajadores o delegado sindical procederá la apertura de expediente contradictorio, en el que serán oídos, además del interesado, los restantes miembros de la representación a que perteneciere, si los hubiese. [339]

Si el trabajador estuviera afiliado a un sindicato y al empresario le constase, deberá dar audiencia previa a los delegados sindicales de la sección sindical correspondiente a dicho sindicato. [340]

2. Si el despido se realizara inobservando lo establecido en el apartado anterior, el empresario podrá realizar un nuevo despido en el que cumpla los requisitos omitidos en el precedente. Dicho nuevo despido, que solo surtirá efectos desde su fecha, solo cabrá efectuarlo en el plazo de veinte días, a contar desde el siguiente al del primer despido. Al realizarlo, el empresario pondrá a disposición del trabajador los salarios devengados en los días intermedios, manteniéndole durante los mismos en alta en la Seguridad Social. [341]

3. El despido será calificado como procedente, improcedente o nulo.

4. El despido se considerará procedente cuando quede acreditado el incumplimiento alegado por el empresario en su escrito de comunicación. Será improcedente en caso contrario o cuando en su forma no se ajustara a lo establecido en el apartado 1.

---

[338] Téngase en cuenta lo dispuesto en el art. 114.2 Ley 39/2015, de 1 de octubre, del Procedimiento Administrativo Común de las Administraciones Públicas y véanse arts. 103 a 113 LRJS

[339] Véanse art. 10.3 LOLS y art. 68 a) de la presente Ley

[340] Véase art. 10.3 LOLS

[341] Véanse art. 110.4 LRJS, art. 268.6 LGSS, aprobada por RDLeg, 8/2015 y art. 29 O ESS/55/2018, de 26 de enero, por la que se desarrollan las normas legales de cotización a la Seguridad Social, desempleo, protección por cese de actividad, Fondo de Garantía Salarial y formación profesional para el ejercicio 2018

5. Será nulo el despido que tenga por móvil alguna de las causas de discriminación prohibidas en la Constitución Española o en la ley, o bien se produzca con violación de derechos fundamentales y libertades públicas de la persona trabajadora. [342]

Será también nulo el despido, en los siguientes supuestos:

a) El de las personas trabajadoras durante los periodos de suspensión del contrato de trabajo por nacimiento, adopción, guarda con fines de adopción, acogimiento, riesgo durante el embarazo, riesgo durante la lactancia natural a que se refiere el artículo 45.1.d) y e), disfrute del permiso parental a que se refiere el artículo 48 bis, o por enfermedades causadas por embarazo, parto o lactancia natural, o cuando se notifique la decisión en una fecha tal que el plazo de preaviso concedido finalice dentro de dichos periodos.

b) El de las trabajadoras embarazadas, desde la fecha de inicio del embarazo hasta el comienzo del periodo de suspensión a que se refiere la letra a); el de las personas trabajadoras que hayan solicitado uno de los permisos a los que se refieren los apartados 3.b), 4, 5 y 6 del artículo 37, o estén disfrutando de ellos, o hayan solicitado o estén disfrutando de las adaptaciones de jornada previstas en el artículo 34.8 o la excedencia prevista en el artículo 46.3; y el de las personas trabajadoras víctimas de violencia de género o de violencia sexual, por el ejercicio de su derecho a la tutela judicial efectiva o de los derechos reconocidos en esta ley para hacer efectiva su protección o su derecho a la asistencia social integral. [343]

c) El de las personas trabajadoras después de haberse reintegrado al trabajo al finalizar los periodos de suspensión del contrato por nacimiento, adopción, guarda con fines de adopción o acogimiento, a que se refiere el artículo 45.1.d), siempre que no hubieran transcurrido más de doce meses desde la fecha del nacimiento, la adopción, la guarda con fines de adopción o el acogimiento.

Lo establecido en las letras anteriores será de aplicación, salvo que, en esos casos, se declare la procedencia del despido por motivos no

[342] Véase art. 108 LRJS

[343] Dada nueva redacción apartado 5 apartado b por disposición final 26 apartado 3 de Ley Orgánica 1/2025 de 2 de enero de 2025, con vigencia desde 03/04/2025

relacionados con el embarazo o con el ejercicio del derecho a los permisos y excedencia señalados. [344]

6. El despido nulo tendrá el efecto de la readmisión inmediata del trabajador, con abono de los salarios dejados de percibir.

7. El despido procedente convalidará la extinción del contrato de trabajo que con aquel se produjo, sin derecho a indemnización ni a salarios de tramitación. [345]

56. *Despido improcedente.* 1. Cuando el despido sea declarado improcedente, el empresario, en el plazo de cinco días desde la notificación de la sentencia, podrá optar entre la readmisión del trabajador o el abono de una indemnización equivalente a treinta y tres días de salario por año de servicio, prorrateándose por meses los periodos de tiempo inferiores a un año, hasta un máximo de veinticuatro mensualidades. La opción por la indemnización determinará la extinción del contrato de trabajo, que se entenderá producida en la fecha del cese efectivo en el trabajo. [346]

2. En caso de que se opte por la readmisión, el trabajador tendrá derecho a los salarios de tramitación. Estos equivaldrán a una cantidad igual a la suma de los salarios dejados de percibir desde la fecha de despido hasta la notificación de la sentencia que declarase la improcedencia o hasta que hubiera encontrado otro empleo, si tal colocación fuera anterior a dicha sentencia y se probase por el empresario lo percibido, para su descuento de los salarios de tramitación.

3. En el supuesto de no optar el empresario por la readmisión o la indemnización, se entiende que procede la primera.

4. Si el despedido fuera un representante legal de los trabajadores o un delegado sindical, la opción corresponderá siempre a este. De no efectuar la opción, se entenderá que lo hace por la readmisión. Cuando la opción, expresa o presunta, sea en favor de la readmisión, esta será obligada. Tanto si opta por la indemnización como si lo hace por la

---

[344] Dada nueva redacción apartado 5 por art. 127 apartado 9 de Real Decreto-Ley 5/2023 de 28 de junio de 2023, con vigencia desde 30/06/2023

[345] Véase art. 109 LRJS

[346] Téngase en cuenta lo dispuesto en la disp. trans. 11ª de la presente Ley

readmisión, tendrá derecho a los salarios de tramitación a los que se refiere el apartado 2. [347]

5. Cuando la sentencia que declare la improcedencia del despido se dicte transcurridos más de noventa días hábiles desde la fecha en que se presentó la demanda, el empresario podrá reclamar del Estado el abono de la percepción económica a la que se refiere el apartado 2, correspondiente al tiempo que exceda de dichos noventa días hábiles.

En los casos de despido en que, con arreglo a este apartado, sean por cuenta del Estado los salarios de tramitación, serán con cargo al mismo las cuotas de la Seguridad Social correspondientes a dichos salarios. [348]

Sección 5ª
Procedimiento concursal

57. *Procedimiento concursal.* En caso de concurso, a los supuestos de modificación, suspensión y extinción colectivas de los contratos de trabajo y de sucesión de empresa, se aplicarán las especialidades previstas en la Ley 22/2003, de 9 de julio, Concursal. [349]

CAPÍTULO IV
Faltas y sanciones de los trabajadores

58. *Faltas y sanciones de los trabajadores.* 1. Los trabajadores podrán ser sancionados por la dirección de las empresas en virtud de incumplimientos laborales, de acuerdo con la graduación de faltas y sanciones que se establezcan en las disposiciones legales o en el convenio colectivo que sea aplicable. [350]

---

[347] Véanse arts. 278 a 286 y 297 a 302 LRJS

[348] Véanse arts. 116 a 119 LRJS y RD 418/2014 de 6 junio, por el que se modifica el procedimiento de tramitación de las reclamaciones al Estado por salarios de tramitación en juicios por despido

[349] Véase art. 64 Ley 22/2003, de 9 julio, Concursal

[350] Véanse art. 10.3 LOLS y art. 68 a) de la presente Ley

2. La valoración de las faltas y las correspondientes sanciones impuestas por la dirección de la empresa serán siempre revisables ante la jurisdicción social. La sanción de las faltas graves y muy graves requerirá comunicación escrita al trabajador, haciendo constar la fecha y los hechos que la motivan. [351]

3. No se podrán imponer sanciones que consistan en la reducción de la duración de las vacaciones u otra minoración de los derechos al descanso del trabajador o multa de haber. [352]

CAPÍTULO V
Plazos de prescripción

Sección 1ª
Prescripción de acciones derivadas del contrato

59. *Prescripción y caducidad.* 1. Las acciones derivadas del contrato de trabajo que no tengan señalado plazo especial prescribirán al año de su terminación.

A estos efectos, se considerará terminado el contrato:

a) El día en que expire el tiempo de duración convenido o fijado por disposición legal o convenio colectivo.

b) El día en que termine la prestación de servicios continuados, cuando se haya dado esta continuidad por virtud de prórroga expresa o tácita.

2. Si la acción se ejercita para exigir percepciones económicas o para el cumplimiento de obligaciones de tracto único, que no puedan tener lugar después de extinguido el contrato, el plazo de un año se computará desde el día en que la acción pudiera ejercitarse.

3. El ejercicio de la acción contra el despido o resolución de contratos temporales caducará a los veinte días siguientes de aquel en que

---

[351] Véase art. 96.2 RDLeg. 5/2015, de 30 de octubre, texto refundido de la Ley del Estatuto Básico del Empleado Público

[352] Véanse arts. 114 y 115 LRJS

se hubiera producido. Los días serán hábiles y el plazo de caducidad a todos los efectos. [353]

El plazo de caducidad quedará interrumpido por la presentación de la solicitud de conciliación ante el órgano público de mediación, arbitraje y conciliación competente. [354]

4. Lo previsto en el apartado anterior será de aplicación a las acciones contra las decisiones empresariales en materia de movilidad geográfica y modificación sustancial de condiciones de trabajo. El plazo se computará desde el día siguiente a la fecha de notificación de la decisión empresarial, tras la finalización, en su caso, del periodo de consultas.

Sección 2ª
Prescripción de las infracciones y faltas

60. *Prescripción.* 1. Las infracciones cometidas por el empresario prescribirán conforme a lo establecido en el texto refundido de la Ley sobre Infracciones y Sanciones en el Orden Social, aprobado por el Real Decreto Legislativo 5/2000, de 4 de agosto. [355]

2. Respecto a los trabajadores, las faltas leves prescribirán a los diez días; las graves, a los veinte días, y las muy graves, a los sesenta días a partir de la fecha en que la empresa tuvo conocimiento de su comisión y, en todo caso, a los seis meses de haberse cometido. [356]

---

[353] Véase art. 103 LRJS

[354] Véanse art. 63 a 68 LRJS y téngase en cuenta que en caso de intervención del Mº Trabajo y Economía Social esas funciones corresponden, según el art. 8.1.A).1 RD 139/2020, de 28 de enero, por el que se establece la estructura orgánica básica de los departamentos ministeriales, a la Dirección General de Trabajo

[355] Véanse arts. 24, 53, 54, 135, 298 y cc. LGSS, aprobada por RDLeg. 8/2015

[356] Véase art. 4 LISOS

TÍTULO II
De los derechos de representación colectiva y de reunión de los trabajadores en la empresa [357]

CAPÍTULO I
Del derecho de representación colectiva

61. *Participación.* De conformidad con lo dispuesto en el artículo 4 y sin perjuicio de otras formas de participación, los trabajadores tienen derecho a participar en la empresa a través de los órganos de representación regulados en este título. [358]

Sección 1ª
Órganos de representación

62. *Delegados de personal.* 1. La representación de los trabajadores en la empresa o centro de trabajo que tengan menos de cincuenta y más de diez trabajadores corresponde a los delegados de personal. Igualmente podrá haber un delegado de personal en aquellas empresas o centros que cuenten entre seis y diez trabajadores, si así lo decidieran estos por mayoría.

Los trabajadores elegirán, mediante sufragio libre, personal, secreto y directo a los delegados de personal en el número siguiente: hasta treinta trabajadores, uno; de treinta y uno a cuarenta y nueve, tres.

2. Los delegados de personal ejercerán mancomunadamente ante el empresario la representación para la que fueron elegidos y tendrán las mismas competencias establecidas para los comités de empresa.

---

[357] Véase Convenio 135 OIT, de 23 junio 1971, relativo a la protección y facilidades que deben otorgarse a los representantes de los trabajadores en la empresa

[358] Véanse art. 129 CE, arts. 8 y ss. LOLS, arts. 33 y ss. Ley 31/1995, de 8 noviembre, de Prevención de Riesgos Laborales y arts. 35 y ss. RDLeg. 5/2015, de 30 de octubre, texto refundido de la Ley del Estatuto Básico del Empleado Público

Los delegados de personal observarán las normas que sobre sigilo profesional están establecidas para los miembros de comités de empresa en el artículo 65.

63. *Comités de empresa.* 1. El comité de empresa es el órgano representativo y colegiado del conjunto de los trabajadores en la empresa o centro de trabajo para la defensa de sus intereses, constituyéndose en cada centro de trabajo cuyo censo sea de cincuenta o más trabajadores. [359]

2. En la empresa que tenga en la misma provincia, o en municipios limítrofes, dos o más centros de trabajo cuyos censos no alcancen los cincuenta trabajadores, pero que en su conjunto lo sumen, se constituirá un comité de empresa conjunto. Cuando unos centros tengan cincuenta trabajadores y otros de la misma provincia no, en los primeros se constituirán comités de empresa propios y con todos los segundos se constituirá otro. [360]

3. Solo por convenio colectivo podrá pactarse la constitución y funcionamiento de un comité intercentros con un máximo de trece miembros, que serán designados de entre los componentes de los distintos comités de centro.

En la constitución del comité intercentros se guardará la proporcionalidad de los sindicatos según los resultados electorales considerados globalmente.

Tales comités intercentros no podrán arrogarse otras funciones que las que expresamente se les conceda en el convenio colectivo en que se acuerde su creación. [361]

64. *Derechos de información y consulta y competencias.* 1. El comité de empresa tendrá derecho a ser informado y consultado por el empresario sobre aquellas cuestiones que puedan afectar a los trabaja-

---

[359] Véase Ley 10/1997, de 24 abril, sobre Derechos de Información y Consulta de los Trabajadores en las empresas y grupos de empresas de dimensión Comunitaria

[360] Véase art. 12 RDLey 20/2012, de 13 julio, de medidas para garantizar la estabilidad presupuestaria y de fomento de la competitividad

[361] Véase Dir 2009/38/CE del Parlamento Europeo y del Consejo, de 6 de mayo de 2009, sobre la constitución de un comité de empresa europeo o de un procedimiento de información y consulta a los trabajadores en las empresas y grupos de empresas de dimensión comunitaria (versión refundida)

dores, así como sobre la situación de la empresa y la evolución del empleo en la misma, en los términos previstos en este artículo.

Se entiende por información la transmisión de datos por el empresario al comité de empresa, a fin de que este tenga conocimiento de una cuestión determinada y pueda proceder a su examen. Por consulta se entiende el intercambio de opiniones y la apertura de un diálogo entre el empresario y el comité de empresa sobre una cuestión determinada, incluyendo, en su caso, la emisión de informe previo por parte del mismo.

En la definición o aplicación de los procedimientos de información y consulta, el empresario y el comité de empresa actuarán con espíritu de cooperación, en cumplimiento de sus derechos y obligaciones recíprocas, teniendo en cuenta tanto los intereses de la empresa como los de los trabajadores. [362]

2. El comité de empresa tendrá derecho a ser informado trimestralmente:

a) Sobre la evolución general del sector económico a que pertenece la empresa.

b) Sobre la situación económica de la empresa y la evolución reciente y probable de sus actividades, incluidas las actuaciones medioambientales que tengan repercusión directa en el empleo, así como sobre la producción y ventas, incluido el programa de producción.

c) Sobre las previsiones del empresario de celebración de nuevos contratos, con indicación del número de estos y de las modalidades y tipos que serán utilizados, incluidos los contratos a tiempo parcial, la realización de horas complementarias por los trabajadores contratados a tiempo parcial y de los supuestos de subcontratación.

d) De las estadísticas sobre el índice de absentismo y las causas, los accidentes de trabajo y enfermedades profesionales y sus consecuencias, los índices de siniestralidad, los estudios periódicos o especiales del medio ambiente laboral y los mecanismos de prevención que se utilicen. [363]

3. También tendrá derecho a recibir información, al menos anualmente, relativa a la aplicación en la empresa del derecho de igualdad de trato y de oportunidades entre mujeres y hombres, en la que deberá

---

[362] Véase art. 7.7 LISOS
[363] Véase art. 18 Ley 31/1995, de 8 noviembre, de Prevención de Riesgos Laborales

incluirse el registro previsto en el artículo 28.2 y los datos sobre la proporción de mujeres y hombres en los diferentes niveles profesionales, así como, en su caso, sobre las medidas que se hubieran adoptado para fomentar la igualdad entre mujeres y hombres en la empresa y, de haberse establecido un plan de igualdad, sobre la aplicación del mismo. [364] [365]

4. El comité de empresa, con la periodicidad que proceda en cada caso, tendrá derecho a:

a) Conocer el balance, la cuenta de resultados, la memoria y, en el caso de que la empresa revista la forma de sociedad por acciones o participaciones, los demás documentos que se den a conocer a los socios, y en las mismas condiciones que a estos.

b) Conocer los modelos de contrato de trabajo escrito que se utilicen en la empresa así como los documentos relativos a la terminación de la relación laboral.

c) Ser informado de todas las sanciones impuestas por faltas muy graves.

d) Ser informado por la empresa de los parámetros, reglas e instrucciones en los que se basan los algoritmos o sistemas de inteligencia artificial que afectan a la toma de decisiones que pueden incidir en las condiciones de trabajo, el acceso y mantenimiento del empleo, incluida la elaboración de perfiles. [366]

e) Ser informado por la empresa de las medidas de actuación previstas con motivo de la activación de alertas por catástrofes y otros fenómenos meteorológicos adversos, sin perjuicio de los derechos de información, consulta y participación previstos en la Ley de Prevención de Riesgos Laborales. Todo ello a los efectos de la adopción de las respectivas medidas y decisiones, incluidas, entre otras, las previstas en el artículo 21 de la Ley 31/1995, de 8 de noviembre. [367]

---

[364] Téngase en cuenta, sobre los planes de igualdad, lo dispuesto en el art. 85 de la presente Ley

[365] Dada nueva redacción apartado 3 por art. 2 apartado 15 de Real Decreto-Ley 6/2019 de 1 de marzo de 2019, con vigencia desde 08/03/2019

[366] Dada nueva redacción apartado 4 apartado d por art. único apartado 2 de Ley 12/2021 de 28 de septiembre de 2021, con vigencia desde 30/09/2021

[367] Añadida apartado 4 letra e por disposición final 2 apartado 3 de Real Decreto-Ley 8/2024 de 28 de noviembre de 2024, con vigencia desde 30/11/2024

Asimismo, el comité de empresa tendrá derecho a recibir la copia básica de los contratos así como la notificación de las prórrogas y de las denuncias correspondientes a los mismos en el plazo de diez días siguientes a que tuvieran lugar. [368]

5. El comité de empresa tendrá derecho a ser informado y consultado sobre la situación y estructura del empleo en la empresa o en el centro de trabajo, así como a ser informado trimestralmente sobre la evolución probable del mismo, incluyendo la consulta cuando se prevean cambios al respecto.

Asimismo, tendrá derecho a ser informado y consultado sobre todas las decisiones de la empresa que pudieran provocar cambios relevantes en cuanto a la organización del trabajo y a los contratos de trabajo en la empresa. Igualmente tendrá derecho a ser informado y consultado sobre la adopción de eventuales medidas preventivas, especialmente en caso de riesgo para el empleo.

El comité de empresa tendrá derecho a emitir informe, con carácter previo a la ejecución por parte del empresario de las decisiones adoptadas por este, sobre las siguientes cuestiones:

a) Las reestructuraciones de plantilla y ceses totales o parciales, definitivos o temporales, de aquella.

b) Las reducciones de jornada.

c) El traslado total o parcial de las instalaciones.

d) Los procesos de fusión, absorción o modificación del estatus jurídico de la empresa que impliquen cualquier incidencia que pueda afectar al volumen de empleo.

e) Los planes de formación profesional en la empresa. [369]

f) La implantación y revisión de sistemas de organización y control del trabajo, estudios de tiempos, establecimiento de sistemas de primas e incentivos y valoración de puestos de trabajo.

6. La información se deberá facilitar por el empresario al comité de empresa, sin perjuicio de lo establecido específicamente en cada caso, en un momento, de una manera y con un contenido apropiados, que permitan a los representantes de los trabajadores proceder a su examen adecuado y preparar, en su caso, la consulta y el informe.

---

[368] Véase art. 8.3 a) de la presente Ley

[369] Véanse art. 13 RD 694/2017, de 3 de julio, por el que se desarrolla la Ley 30/2015, de 9 de septiembre, por la que se regula el Sistema de Formación Profesional para el Empleo en el ámbito laboral y O TAS/2307/2007, de 27 de julio, por la que se desarrolla parcialmente el RD 395/2007, de 23 marzo

La consulta deberá realizarse, salvo que expresamente esté establecida otra cosa, en un momento y con un contenido apropiados, en el nivel de dirección y representación correspondiente de la empresa, y de tal manera que permita a los representantes de los trabajadores, sobre la base de la información recibida, reunirse con el empresario, obtener una respuesta justificada a su eventual informe y poder contrastar sus puntos de vista u opiniones con objeto, en su caso, de poder llegar a un acuerdo sobre las cuestiones indicadas en el apartado 5, y ello sin perjuicio de las facultades que se reconocen al empresario al respecto en relación con cada una de dichas cuestiones. En todo caso, la consulta deberá permitir que el criterio del comité pueda ser conocido por el empresario a la hora de adoptar o de ejecutar las decisiones.

Los informes que deba emitir el comité de empresa tendrán que elaborarse en el plazo máximo de quince días desde que hayan sido solicitados y remitidas las informaciones correspondientes.

7. El comité de empresa tendrá también las siguientes competencias:

a) Ejercer una labor:

1.º De vigilancia en el cumplimiento de las normas vigentes en materia laboral, de seguridad social y de empleo, así como del resto de los pactos, condiciones y usos de empresa en vigor, formulando, en su caso, las acciones legales oportunas ante el empresario y los organismos o tribunales competentes.

2.º De vigilancia y control de las condiciones de seguridad y salud en el desarrollo del trabajo en la empresa, con las particularidades previstas en este orden por el artículo 19. [370]

3.º De vigilancia del respeto y aplicación del principio de igualdad de trato y de oportunidades entre mujeres y hombres, especialmente en materia salarial. [371] [372]

b) Participar, como se determine por convenio colectivo, en la gestión de obras sociales establecidas en la empresa en beneficio de los trabajadores o de sus familiares.

c) Colaborar con la dirección de la empresa para conseguir el establecimiento de cuantas medidas procuren el mantenimiento y el

---

[370] Véase art. 36 Ley 31/1995, de 8 noviembre, de Prevención de Riesgos Laborales

[371] Véanse arts. 9.2, 14 y 35 CE, LO 3/2007, de 22 marzo, para la igualdad efectiva de mujeres y hombres y arts. 4.2 c) y e), 17, 22.4, 24, 28 y 85 de la presente Ley

[372] Dada nueva redacción apartado 7 apartado a apartado 3 por art. 2 apartado 15 de Real Decreto-Ley 6/2019 de 1 de marzo de 2019, con vigencia desde 08/03/2019

incremento de la productividad, así como la sostenibilidad ambiental de la empresa, si así está pactado en los convenios colectivos.

d) Colaborar con la dirección de la empresa en el establecimiento y puesta en marcha de medidas de conciliación.

e) Informar a sus representados en todos los temas y cuestiones señalados en este artículo en cuanto directa o indirectamente tengan o puedan tener repercusión en las relaciones laborales.

8. Lo dispuesto en el presente artículo se entenderá sin perjuicio de las disposiciones específicas previstas en otros artículos de esta ley o en otras normas legales o reglamentarias. [373]

9. Respetando lo establecido legal o reglamentariamente, en los convenios colectivos se podrán establecer disposiciones específicas relativas al contenido y a las modalidades de ejercicio de los derechos de información y consulta previstos en este artículo, así como al nivel de representación más adecuado para ejercerlos.

65. *Capacidad y sigilo profesional.* 1. Se reconoce al comité de empresa capacidad, como órgano colegiado, para ejercer acciones administrativas o judiciales en todo lo relativo al ámbito de sus competencias, por decisión mayoritaria de sus miembros.

2. Los miembros del comité de empresa y este en su conjunto, así como, en su caso, los expertos que les asistan, deberán observar el deber de sigilo con respecto a aquella información que, en legítimo y objetivo interés de la empresa o del centro de trabajo, les haya sido expresamente comunicada con carácter reservado. [374]

3. En todo caso, ningún tipo de documento entregado por la empresa al comité podrá ser utilizado fuera del estricto ámbito de aquella ni para fines distintos de los que motivaron su entrega.

El deber de sigilo subsistirá incluso tras la expiración de su mandato e independientemente del lugar en que se encuentren.

4. Excepcionalmente, la empresa no estará obligada a comunicar aquellas informaciones específicas relacionadas con secretos industriales, financieros o comerciales cuya divulgación pudiera, según criterios

---

[373] Téngase en cuenta lo dispuesto en los arts. 44.4, 100.2, 149.1.1 y 148.3 Ley 22/2003, de 9 julio, Concursal, sobre competencias adicionales de los representantes de los trabajadores

[374] Véase art. 37.3 y 4 Ley 31/1995, de 8 noviembre, de Prevención de Riesgos Laborales

objetivos, obstaculizar el funcionamiento de la empresa o del centro de trabajo u ocasionar graves perjuicios en su estabilidad económica.

Esta excepción no abarca aquellos datos que tengan relación con el volumen de empleo en la empresa.

5. La impugnación de las decisiones de la empresa de atribuir carácter reservado o de no comunicar determinadas informaciones a los representantes de los trabajadores se tramitará conforme al proceso de conflictos colectivos regulado en el capítulo VIII del título II del libro segundo de la Ley 36/2011, de 10 de octubre, reguladora de la Jurisdicción Social.

Asimismo, se tramitarán conforme a este proceso los litigios relativos al cumplimiento por los representantes de los trabajadores y por los expertos que les asistan de su obligación de sigilo.

Lo dispuesto en este apartado se entiende sin perjuicio de lo previsto en el texto refundido de la Ley sobre Infracciones y Sanciones en el Orden Social, aprobado por el Real Decreto Legislativo 5/2000, de 4 de agosto, para los casos de negativa injustificada de la información a que tienen derecho los representantes de los trabajadores.

66. *Composición.* 1. El número de miembros del comité de empresa se determinará de acuerdo con la siguiente escala:

a) De cincuenta a cien trabajadores, cinco.

b) De ciento uno a doscientos cincuenta trabajadores, nueve.

c) De doscientos cincuenta y uno a quinientos trabajadores, trece.

d) De quinientos uno a setecientos cincuenta trabajadores, diecisiete.

e) De setecientos cincuenta y uno a mil trabajadores, veintiuno.

f) De mil en adelante, dos por cada mil o fracción, con el máximo de setenta y cinco.

2. Los comités de empresa o centro de trabajo elegirán de entre sus miembros un presidente y un secretario del comité, y elaborarán su propio reglamento de procedimiento, que no podrá contravenir lo dispuesto en la ley, remitiendo copia del mismo a la autoridad laboral, a efectos de registro, y a la empresa.

Los comités deberán reunirse cada dos meses o siempre que lo solicite un tercio de sus miembros o un tercio de los trabajadores representados.

67. *Promoción de elecciones y mandato electoral.* 1. Podrán promover elecciones a delegados de personal y miembros de comités de empresa las organizaciones sindicales más representativas, las que cuenten con un mínimo de un diez por ciento de representantes en la empresa o los trabajadores del centro de trabajo por acuerdo mayoritario. Los sindicatos con capacidad de promoción de elecciones tendrán derecho a acceder a los registros de las Administraciones Públicas que contengan datos relativos a la inscripción de empresas y altas de trabajadores, en la medida necesaria para llevar a cabo tal promoción en sus respectivos ámbitos. [375]

Los promotores comunicarán a la empresa y a la oficina pública dependiente de la autoridad laboral su propósito de celebrar elecciones con un plazo mínimo de, al menos, un mes de antelación al inicio del proceso electoral. En dicha comunicación los promotores deberán identificar con precisión la empresa y el centro de trabajo de esta en que se desea celebrar el proceso electoral y la fecha de inicio de este, que será la de constitución de la mesa electoral y que, en todo caso, no podrá comenzar antes de un mes ni más allá de tres meses contabilizados a partir del registro de la comunicación en la oficina pública dependiente de la autoridad laboral. Esta oficina pública, dentro del siguiente día hábil, expondrá en el tablón de anuncios los preavisos presentados, facilitando copia de los mismos a los sindicatos que así lo soliciten. [376]

Solo previo acuerdo mayoritario entre los sindicatos más representativos o representativos de conformidad con la Ley Orgánica 11/1985, de 2 de agosto, de Libertad Sindical, podrá promoverse la celebración de elecciones de manera generalizada en uno o varios ámbitos funcionales o territoriales. Dichos acuerdos deberán comunicarse a la oficina pública dependiente de la autoridad laboral para su depósito y publicidad.

Cuando se promuevan elecciones para renovar la representación por conclusión de la duración del mandato, tal promoción solo podrá efectuarse a partir de la fecha en que falten tres meses para el vencimiento del mandato.

---

[375] Véase RD 1844/1994, de 9 septiembre, por el que se aprueba el Reglamento de Elecciones a Órganos de Representación de los Trabajadores en la Empresa

[376] Véase disp. adic. 12ª de la presente Ley

Podrán promoverse elecciones parciales por dimisiones, revocaciones o ajustes de la representación por incremento de plantilla. Los convenios colectivos podrán prever lo necesario para acomodar la representación de los trabajadores a las disminuciones significativas de plantilla que puedan tener lugar en la empresa. En su defecto, dicha acomodación deberá realizarse por acuerdo entre la empresa y los representantes de los trabajadores.

2. El incumplimiento de cualquiera de los requisitos establecidos en este artículo para la promoción de elecciones determinará la falta de validez del correspondiente proceso electoral; ello no obstante, la omisión de la comunicación a la empresa podrá suplirse por medio del traslado a la misma de una copia de la comunicación presentada a la oficina pública dependiente de la autoridad laboral, siempre que el traslado de la copia se produzca con una anterioridad mínima de veinte días respecto de la fecha de iniciación del proceso electoral fijado en el escrito de promoción.

La renuncia a la promoción con posterioridad a la comunicación de la oficina pública dependiente de la autoridad laboral no impedirá el desarrollo del proceso electoral, siempre que se cumplan todos los requisitos que permitan la validez del mismo.

En caso de concurrencia de promotores para la realización de elecciones en una empresa o centro de trabajo se considerará válida, a efectos de iniciación del proceso electoral, la primera convocatoria registrada, excepto en los supuestos en los que la mayoría sindical de la empresa o centro de trabajo con comité de empresa hayan presentado otra fecha distinta, en cuyo caso prevalecerá esta última, siempre y cuando dichas convocatorias cumplan con los requisitos establecidos. En este último supuesto la promoción deberá acompañarse de una comunicación fehaciente de dicha promoción de elecciones a los que hubieran realizado otra u otras con anterioridad.

3. La duración del mandato de los delegados de personal y de los miembros del comité de empresa será de cuatro años, entendiéndose que se mantendrán en funciones en el ejercicio de sus competencias y de sus garantías hasta tanto no se hubiesen promovido y celebrado nuevas elecciones.

Solamente podrán ser revocados los delegados de personal y miembros del comité durante su mandato, por decisión de los trabajadores que los hayan elegido, mediante asamblea convocada al efecto a instancia de un tercio, como mínimo, de los electores y por mayoría absoluta de estos, mediante sufragio personal, libre, directo y secreto. No obstante, esta revocación no podrá efectuarse durante la tramitación de un convenio colectivo, ni replantearse hasta transcurridos, por lo menos, seis meses.

4. En el caso de producirse vacante por cualquier causa en los comités de empresa o de centros de trabajo, aquella se cubrirá automáticamente por el trabajador siguiente en la lista a la que pertenezca el sustituido. Cuando la vacante se refiera a los delegados de personal, se cubrirá automáticamente por el trabajador que hubiera obtenido en la votación un número de votos inmediatamente inferior al último de los elegidos. El sustituto lo será por el tiempo que reste del mandato.

5. Las sustituciones, revocaciones, dimisiones y extinciones de mandato se comunicarán a la oficina pública dependiente de la autoridad laboral y al empresario, publicándose asimismo en el tablón de anuncios.

68. *Garantías.* Los miembros del comité de empresa y los delegados de personal, como representantes legales de los trabajadores, tendrán, a salvo de lo que se disponga en los convenios colectivos, las siguientes garantías: [377]

a) Apertura de expediente contradictorio en el supuesto de sanciones por faltas graves o muy graves, en el que serán oídos, aparte del interesado, el comité de empresa o restantes delegados de personal. [378]

b) Prioridad de permanencia en la empresa o centro de trabajo respecto de los demás trabajadores, en los supuestos de suspensión o extinción por causas tecnológicas o económicas. [379]

c) No ser despedido ni sancionado durante el ejercicio de sus funciones ni dentro del año siguiente a la expiración de su mandato, salvo en caso de que esta se produzca por revocación o dimisión, siempre que el despido o sanción se base en la acción del trabajador en el ejercicio de su representación, sin perjuicio, por tanto, de lo establecido en el artículo 54. Asimismo no podrá ser discriminado en su promoción económica o profesional en razón, precisamente, del desempeño de su representación.

---

[377] Véase art. 37 Ley 31/1995, de 8 noviembre, de Prevención de Riesgos Laborales
[378] Véase art. 106.2 LRJS
[379] Véanse arts. 40.5 y 51.7 de la presente Ley

d) Expresar, colegiadamente si se trata del comité, con libertad sus opiniones en las materias concernientes a la esfera de su representación, pudiendo publicar y distribuir, sin perturbar el normal desenvolvimiento del trabajo, las publicaciones de interés laboral o social, comunicándolo a la empresa.

e) Disponer de un crédito de horas mensuales retribuidas cada uno de los miembros del comité o delegado de personal en cada centro de trabajo, para el ejercicio de sus funciones de representación, de acuerdo con la siguiente escala: [380]

1.º Hasta cien trabajadores, quince horas.

2.º De ciento uno a doscientos cincuenta trabajadores, veinte horas.

3.º De doscientos cincuenta y uno a quinientos trabajadores, treinta horas.

4.º De quinientos uno a setecientos cincuenta trabajadores, treinta y cinco horas.

5.º De setecientos cincuenta y uno en adelante, cuarenta horas.

Podrá pactarse en convenio colectivo la acumulación de horas de los distintos miembros del comité de empresa y, en su caso, de los delegados de personal, en uno o varios de sus componentes, sin rebasar el máximo total, pudiendo quedar relevado o relevados del trabajo, sin perjuicio de su remuneración. [381]

Sección 2ª
Procedimiento electoral

69. *Elección.* 1. Los delegados de personal y los miembros del comité de empresa se elegirán por todos los trabajadores mediante sufragio personal, directo, libre y secreto, que podrá emitirse por correo en la forma que establezcan las disposiciones de desarrollo de esta ley. [382]

2. Serán electores todos los trabajadores de la empresa o centro de trabajo mayores de dieciséis años y con una antigüedad en la empresa

---

[380] Véanse arts. 9, 10 y 13 LOLS

[381] Véase Convenio 135 OIT, de 23 de junio 1971, relativo a la protección y facilidades que deben otorgarse a los representantes de los trabajadores en la empresa

[382] Véase RD 1844/1994, de 9 septiembre, por el que se aprueba el Reglamento de Elecciones a Órganos de Representación de los Trabajadores en la Empresa

de, al menos, un mes, y elegibles los trabajadores que tengan dieciocho años cumplidos y una antigüedad en la empresa de, al menos, seis meses, salvo en aquellas actividades en que, por movilidad de personal, se pacte en convenio colectivo un plazo inferior, con el límite mínimo de tres meses de antigüedad.

Los trabajadores extranjeros podrán ser electores y elegibles cuando reúnan las condiciones a que se refiere el párrafo anterior

3. Se podrán presentar candidatos para las elecciones de delegados de personal y miembros del comité de empresa por los sindicatos de trabajadores legalmente constituidos o por las coaliciones formadas por dos o más de ellos, que deberán tener una denominación concreta atribuyéndose sus resultados a la coalición. Igualmente podrán presentarse los trabajadores que avalen su candidatura con un número de firmas de electores de su mismo centro y colegio, en su caso, equivalente al menos a tres veces el número de puestos a cubrir. [383]

70. *Votación para delegados.* En la elección para delegados de personal, cada elector podrá dar su voto a un número máximo de aspirantes equivalente al de puestos a cubrir entre los candidatos proclamados. Resultarán elegidos los que obtengan el mayor número de votos. En caso de empate, resultará elegido el trabajador de mayor antigüedad en la empresa.

71. *Elección para el comité de empresa.* 1. En las empresas de más de cincuenta trabajadores, el censo de electores y elegibles se distribuirá en dos colegios, uno integrado por los técnicos y administrativos y otro por los trabajadores especialistas y no cualificados.

Por convenio colectivo, y en función de la composición profesional del sector de actividad productiva o de la empresa, podrá establecerse un nuevo colegio que se adapte a dicha composición. En tal caso, las normas electorales de este título se adaptarán a dicho número de colegios. Los puestos del comité serán repartidos proporcionalmente en cada empresa según el número de trabajadores que formen los colegios electorales mencionados. Si en la división resultaren cocientes con fracciones, se adjudicará la unidad fraccionaria al grupo al que

[383] Véanse art. 8.7 LISOS

correspondería la fracción más alta; si fueran iguales, la adjudicación será por sorteo.

2. En las elecciones a miembros del comité de empresa la elección se ajustará a las siguientes reglas:

a) Cada elector podrá dar su voto a una sola de las listas presentadas para los del comité que corresponda a su colegio. Estas listas deberán contener, como mínimo, tantos nombres como puestos a cubrir. No obstante, la renuncia de cualquier candidato presentado en algunas de las listas para las elecciones antes de la fecha de la votación no implicará la suspensión del proceso electoral ni la anulación de dicha candidatura aun cuando sea incompleta, siempre y cuando la lista afectada permanezca con un número de candidatos, al menos, del sesenta por ciento de los puestos a cubrir. En cada lista deberán figurar las siglas del sindicato o grupo de trabajadores que la presenten.

b) No tendrán derecho a la atribución de representantes en el comité de empresa aquellas listas que no hayan obtenido como mínimo el cinco por ciento de los votos por cada colegio.

Mediante el sistema de representación proporcional se atribuirá a cada lista el número de puestos que le corresponda, de conformidad con el cociente que resulte de dividir el número de votos válidos por el de puestos a cubrir. Si hubiese puesto o puestos sobrantes se atribuirán a la lista o listas que tengan un mayor resto de votos.

c) Dentro de cada lista resultarán elegidos los candidatos por el orden en que figuren en la candidatura.

3. La inobservancia de cualquiera de las reglas anteriores determinará la anulabilidad de la elección del candidato o candidatos afectados.

72. *Representantes de quienes presten servicios en trabajos fijos-discontinuos y de trabajadores no fijos.* 1. Quienes presten servicios en trabajos fijos-discontinuos y los trabajadores vinculados por contrato de duración determinada estarán representados por los órganos que se establecen en este título conjuntamente con los trabajadores fijos de plantilla.

2. Por tanto, a efectos de determinar el número de representantes, se estará a lo siguiente:

a) Quienes presten servicios en trabajos fijos-discontinuos y los trabajadores vinculados por contrato de duración determinada superior a un año se computarán como trabajadores fijos de plantilla.

b) Los contratados por término de hasta un año se computarán según el número de días trabajados en el periodo de un año anterior a la convocatoria de la elección. Cada doscientos días trabajados o fracción se computará como un trabajador más.

73. *Mesa electoral.* 1. En la empresa o centro de trabajo se constituirá una mesa por cada colegio de doscientos cincuenta trabajadores electores o fracción.

2. La mesa será la encargada de vigilar todo el proceso electoral, presidir la votación, realizar el escrutinio, levantar el acta correspondiente y resolver cualquier reclamación que se presente.

3. La mesa estará formada por el presidente, que será el trabajador de más antigüedad en la empresa, y dos vocales, que serán los electores de mayor y menor edad. Este último actuará de secretario. Se designarán suplentes a aquellos trabajadores que sigan a los titulares de la mesa en el orden indicado de antigüedad o edad.

4. Ninguno de los componentes de la mesa podrá ser candidato y, de serlo, le sustituirá en ella su suplente.

5. Cada candidato o candidatura, en su caso, podrá nombrar un interventor por mesa. Asimismo, el empresario podrá designar un representante suyo que asista a la votación y al escrutinio.

74. *Funciones de la mesa.* 1. Comunicado a la empresa el propósito de celebrar elecciones, esta, en el término de siete días, dará traslado de la comunicación a los trabajadores que deban constituir la mesa, así como a los representantes de los trabajadores, poniéndolo simultáneamente en conocimiento de los promotores.

La mesa electoral se constituirá formalmente, mediante acta otorgada al efecto, en la fecha fijada por los promotores en su comunicación del propósito de celebrar elecciones, que será la fecha de iniciación del proceso electoral.

2. Cuando se trate de elecciones a delegados de personal, el empresario, en el mismo término, remitirá a los componentes de la mesa electoral el censo laboral, que se ajustará, a estos efectos, a modelo normalizado.

La mesa electoral cumplirá las siguientes funciones:

a) Hará público entre los trabajadores el censo laboral con indicación de quiénes son electores.

b) Fijará el número de representantes y la fecha tope para la presentación de candidaturas.

c) Recibirá y proclamará las candidaturas que se presenten.

d) Señalará la fecha de votación.

e) Redactará el acta de escrutinio en un plazo no superior a tres días naturales.

Los plazos para cada uno de los actos serán señalados por la mesa con criterios de razonabilidad y según lo aconsejen las circunstancias, pero, en todo caso, entre su constitución y la fecha de las elecciones no mediarán más de diez días.

En el caso de elecciones en centros de trabajo de hasta treinta trabajadores en los que se elige un solo delegado de personal, desde la constitución de la mesa hasta los actos de votación y proclamación de candidatos electos habrán de transcurrir veinticuatro horas, debiendo en todo caso la mesa hacer pública con la suficiente antelación la hora de celebración de la votación. Si se hubiera presentado alguna reclamación se hará constar en el acta, así como la resolución que haya tomado la mesa.

3. Cuando se trate de elecciones a miembros del comité de empresa, constituida la mesa electoral solicitará al empresario el censo laboral y confeccionará, con los medios que le habrá de facilitar este, la lista de electores. Esta se hará pública en los tablones de anuncios mediante su exposición durante un tiempo no inferior a setenta y dos horas.

La mesa resolverá cualquier incidencia o reclamación relativa a inclusiones, exclusiones o correcciones que se presenten hasta veinticuatro horas después de haber finalizado el plazo de exposición de la lista. Publicará la lista definitiva dentro de las veinticuatro horas siguientes. A continuación, la mesa, o el conjunto de ellas, determinará el número de miembros del comité que hayan de ser elegidos en aplicación de lo dispuesto en el artículo 66.

Las candidaturas se presentarán durante los nueve días siguientes a la publicación de la lista definitiva de electores. La proclamación se hará en los dos días laborables después de concluido dicho plazo, publicándose en los tablones referidos. Contra el acuerdo de proclamación se podrá reclamar dentro del día laborable siguiente, resolviendo la mesa en el posterior día hábil.

Entre la proclamación de candidatos y la votación mediarán al menos cinco días.

75. *Votación para delegados y comités de empresa.* 1. El acto de la votación se efectuará en el centro o lugar de trabajo y durante la jornada laboral, teniéndose en cuenta las normas que regulen el voto por correo.

El empresario facilitará los medios precisos para el normal desarrollo de la votación y de todo el proceso electoral.

2. El voto será libre, secreto, personal y directo, depositándose las papeletas, que en tamaño, color, impresión y calidad del papel serán de iguales características, en urnas cerradas.

3. Inmediatamente después de celebrada la votación, la mesa electoral procederá públicamente al recuento de votos mediante la lectura por el presidente, en voz alta, de las papeletas.

4. Del resultado del escrutinio se levantará acta según modelo normalizado en la que se incluirán las incidencias y protestas habidas en su caso. Una vez redactada el acta será firmada por los componentes de la mesa, los interventores y el representante del empresario, si lo hubiere. Acto seguido, las mesas electorales de una misma empresa o centro, en reunión conjunta, extenderán el acta del resultado global de la votación.

5. El presidente de la mesa remitirá copias del acta de escrutinio al empresario y a los interventores de las candidaturas, así como a los representantes electos.

El resultado de la votación se publicará en los tablones de anuncios.

6. El original del acta, junto con las papeletas de votos nulos o impugnados por los interventores y el acta de constitución de la mesa, serán presentadas en el plazo de tres días a la oficina pública dependiente de la autoridad laboral por el presidente de la mesa, quien podrá delegar por escrito en algún miembro de la mesa. La oficina pública dependiente de la autoridad laboral procederá en el inmediato día hábil a la publicación en los tablones de anuncios de una copia del acta, entregando copia a los sindicatos que así se lo soliciten y dará traslado a la empresa de la presentación en dicha oficina pública del acta correspondiente al proceso electoral que ha tenido lugar en aquella, con indicación de la fecha en que finaliza el plazo para impugnarla y mantendrá el depósito de las papeletas hasta cumplirse los plazos de impugnación. La oficina pública dependiente de la autoridad laboral, transcurridos los diez días hábiles desde la publicación, procederá o no al registro de las actas electorales.

7. Corresponde a la oficina pública dependiente de la autoridad laboral el registro de las actas, así como la expedición de copias auténticas de las mismas y, a requerimiento del sindicato interesado, de las certificaciones acreditativas de su capacidad representativa a los efectos de los artículos 6 y 7 de la Ley Orgánica 11/1985, de 2 de agosto, de Libertad Sindical. Dichas certificaciones consignarán si el sindicato tiene o no la condición de más representativo o representativo, salvo que el ejercicio de las funciones o facultades correspondientes requiera la precisión de la concreta representatividad ostentada. Asimismo, y a los efectos que procedan, la oficina pública dependiente de la autoridad laboral podrá extender certificaciones de los resultados electorales a las organizaciones sindicales que las soliciten.

La denegación del registro de un acta por la oficina pública dependiente de la autoridad laboral solo podrá hacerse cuando se trate de actas que no vayan extendidas en el modelo oficial normalizado, falta de comunicación de la promoción electoral a la oficina pública, falta de la firma del presidente de la mesa electoral u omisión o ilegibilidad en las actas de alguno de los datos que impida el cómputo electoral. [384]

En estos supuestos, la oficina pública dependiente de la autoridad laboral requerirá, dentro del siguiente día hábil, al presidente de la mesa electoral para que en el plazo de diez días hábiles proceda a la subsanación correspondiente. Dicho requerimiento será comunicado a los sindicatos que hayan obtenido representación y al resto de las candidaturas. Una vez efectuada la subsanación, esta oficina pública procederá al registro del acta electoral correspondiente. Transcurrido dicho plazo sin que se haya efectuado la subsanación o no realizada esta en forma, la oficina pública dependiente de la autoridad laboral procederá, en el plazo de diez días hábiles, a denegar el registro, comunicándolo a los sindicatos que hayan obtenido representación y al presidente de la mesa. En el caso de que la denegación del registro se deba a la ausencia de comunicación de la promoción electoral a la oficina pública dependiente de la autoridad laboral no cabrá requerimiento de subsanación, por lo que, comprobada la falta por dicha oficina pública, esta procederá sin más trámite a la denegación del registro, comunicándolo al presidente de la mesa electoral, a los sindicatos que hayan obtenido representación y al resto de las candidaturas.

---

[384] Véase disposición adicional 11 de la presente Ley

La resolución denegatoria del registro podrá ser impugnada ante el orden jurisdiccional social.

76. *Reclamaciones en materia electoral.* 1. Las impugnaciones en materia electoral se tramitarán conforme al procedimiento arbitral regulado en este artículo, con excepción de las denegaciones de inscripción, cuyas reclamaciones podrán plantearse directamente ante la jurisdicción social. [385]

2. Todos los que tengan interés legítimo, incluida la empresa cuando en ella concurra dicho interés, podrán impugnar la elección, las decisiones que adopte la mesa, así como cualquier otra actuación de la misma a lo largo del proceso electoral, fundándose para ello en la existencia de vicios graves que pudieran afectar a las garantías del proceso electoral y que alteren su resultado, en la falta de capacidad o legitimidad de los candidatos elegidos, en la discordancia entre el acta y el desarrollo del proceso electoral y en la falta de correlación entre el número de trabajadores que figuran en el acta de elecciones y el número de representantes elegidos. La impugnación de actos de la mesa electoral requerirá haber efectuado reclamación dentro del día laborable siguiente al acto y deberá ser resuelta por la mesa en el posterior día hábil, salvo lo previsto en el último párrafo del artículo 74.2.

3. Serán árbitros los designados conforme al procedimiento que se regula en este apartado, salvo en el caso de que las partes de un procedimiento arbitral se pusieran de acuerdo en la designación de un árbitro distinto.

El árbitro o árbitros serán designados, con arreglo a los principios de neutralidad y profesionalidad, entre licenciados en Derecho, graduados sociales, así como titulados equivalentes, por acuerdo unánime de los sindicatos más representativos, a nivel estatal o de comunidades autónomas según proceda y de los que ostenten el diez por ciento o más de los delegados y de los miembros de los comités de empresa en el ámbito provincial, funcional o de empresa correspondiente. Si no existiera acuerdo unánime entre los sindicatos señalados anteriormente, la autoridad laboral competente establecerá la forma de designación, atendiendo a los principios de imparcialidad de los árbitros,

---

[385] Véanse arts. 2 i) y 127 a 136 LRJS

posibilidad de ser recusados y participación de los sindicatos en su nombramiento.

La duración del mandato de los árbitros será de cinco años, siendo susceptible de renovación.

La Administración laboral facilitará la utilización de sus medios personales y materiales por los árbitros en la medida necesaria para que estos desarrollen sus funciones.

4. Los árbitros deberán abstenerse y, en su defecto, ser recusados, en los casos siguientes:

a) Tener interés personal en el asunto de que se trate.

b) Ser administrador de sociedad o entidad interesada, o tener cuestión litigiosa con alguna de las partes.

c) Tener parentesco de consanguinidad dentro del cuarto grado o de afinidad dentro del segundo, con cualquiera de los interesados, con los administradores de entidades o sociedades interesadas y también con los asesores, representantes legales o mandatarios que intervengan en el arbitraje, así como compartir despacho profesional o estar asociado con estos para el asesoramiento, la representación o el mandato.

d) Tener amistad íntima o enemistad manifiesta con alguna de las personas mencionadas en la letra c).

e) Tener relación de servicio con persona natural o jurídica interesada directamente en el asunto o haberle prestado en los últimos dos años servicios profesionales de cualquier tipo y en cualquier circunstancia o lugar.

5. El procedimiento arbitral se iniciará mediante escrito dirigido a la oficina pública dependiente de la autoridad laboral, a quien promovió las elecciones y, en su caso, a quienes hayan presentado candidatos a las elecciones objeto de impugnación. Este escrito, en el que figurarán los hechos que se tratan de impugnar, deberá presentarse en un plazo de tres días hábiles, contados desde el siguiente a aquel en que se hubieran producido los hechos o resuelto la reclamación por la mesa; en el caso de impugnaciones promovidas por sindicatos que no hubieran presentado candidaturas en el centro de trabajo en el que se hubiera celebrado la elección, los tres días se computarán desde el día en que se conozca el hecho impugnable. Si se impugnasen actos del día de la votación o posteriores al mismo, el plazo será de diez días hábiles, contados a partir de la entrada de las actas en la oficina pública dependiente de la autoridad laboral.

Hasta que no finalice el procedimiento arbitral y, en su caso, la posterior impugnación judicial, quedará paralizada la tramitación de un nuevo procedimiento arbitral. El planteamiento del arbitraje interrumpirá los plazos de prescripción.

6. La oficina pública dependiente de la autoridad laboral dará traslado al árbitro del escrito en el día hábil posterior a su recepción así como de una copia del expediente electoral administrativo. Si se hubieran presentado actas electorales para registro, se suspenderá su tramitación.

A las veinticuatro horas siguientes, el árbitro convocará a las partes interesadas para que comparezcan ante él, lo que habrá de tener lugar en los tres días hábiles siguientes. Si las partes, antes de comparecer ante el árbitro designado de conformidad a lo establecido en el apartado 3, se pusieran de acuerdo y designaran uno distinto, lo notificarán a la oficina pública dependiente de la autoridad laboral para que dé traslado a este árbitro del expediente administrativo electoral, continuando con el mismo el resto del procedimiento.

El árbitro, dentro de los tres días hábiles siguientes a la comparecencia y previa práctica de las pruebas procedentes o conformes a derecho, que podrán incluir la personación en el centro de trabajo y la solicitud de la colaboración necesaria del empresario y las Administraciones Públicas, dictará laudo. El laudo será escrito y razonado, resolviendo en derecho sobre la impugnación del proceso electoral y, en su caso, sobre el registro del acta, y se notificará a los interesados y a la oficina pública dependiente de la autoridad laboral. Si se hubiese impugnado la votación, la oficina procederá al registro del acta o a su denegación, según el contenido del laudo.

El laudo arbitral podrá impugnarse ante el orden jurisdiccional social a través de la modalidad procesal correspondiente.

CAPÍTULO II
Del derecho de reunión

77. *Las asambleas de trabajadores.* 1. De conformidad con lo dispuesto en el artículo 4, los trabajadores de una misma empresa o centro de trabajo tienen derecho a reunirse en asamblea. [386]

---

[386] Véanse art. 21 CE y art. 4.1 f) y g) de la presente Ley

La asamblea podrá ser convocada por los delegados de personal, el comité de empresa o centro de trabajo, o por un número de trabajadores no inferior al treinta y tres por ciento de la plantilla. La asamblea será presidida, en todo caso, por el comité de empresa o por los delegados de personal mancomunadamente, que serán responsables del normal desarrollo de la misma, así como de la presencia en la asamblea de personas no pertenecientes a la empresa. Solo podrá tratarse en ella de asuntos que figuren previamente incluidos en el orden del día. La presidencia comunicará al empresario la convocatoria y los nombres de las personas no pertenecientes a la empresa que vayan a asistir a la asamblea y acordará con este las medidas oportunas para evitar perjuicios en la actividad normal de la empresa. [387]

2. Cuando por trabajarse en turnos, por insuficiencia de los locales o por cualquier otra circunstancia, no pueda reunirse simultáneamente toda la plantilla sin perjuicio o alteración en el normal desarrollo de la producción, las diversas reuniones parciales que hayan de celebrarse se considerarán como una sola y fechadas en el día de la primera. [388]

78. *Lugar de reunión.* 1. El lugar de reunión será el centro de trabajo, si las condiciones del mismo lo permiten, y la misma tendrá lugar fuera de las horas de trabajo, salvo acuerdo con el empresario.

2. El empresario deberá facilitar el centro de trabajo para la celebración de la asamblea, salvo en los siguientes casos:

a) Si no se cumplen las disposiciones de esta ley.

b) Si hubiesen transcurrido menos de dos meses desde la última reunión celebrada.

c) Si aún no se hubiese resarcido o afianzado el resarcimiento por los daños producidos en alteraciones ocurridas en alguna reunión anterior.

d) Cierre legal de la empresa.

Las reuniones informativas sobre convenios colectivos que les sean de aplicación no estarán afectadas por lo establecido en la letra b).

79. *Convocatoria.* La convocatoria, con expresión del orden del día propuesto por los convocantes, se comunicará al empresario con

---

[387] Véanse arts. 8 y 9.1 c) LOLS
[388] Véase art. 8.5 LISOS

cuarenta y ocho horas de antelación, como mínimo, debiendo este
acusar recibo.

80. *Votaciones.* Cuando se someta a la asamblea por parte de los
convocantes la adopción de acuerdos que afecten al conjunto de los
trabajadores, se requerirá para la validez de aquellos el voto favorable
personal, libre, directo y secreto, incluido el voto por correo, de la
mitad más uno de los trabajadores de la empresa o centro de trabajo.

81. *Locales y tablón de anuncios.* En las empresas o centros de
trabajo, siempre que sus características lo permitan, se pondrá a disposición de los delegados de personal o del comité de empresa un local
adecuado en el que puedan desarrollar sus actividades y comunicarse
con los trabajadores, así como uno o varios tablones de anuncios. La
representación legal de los trabajadores de las empresas contratistas y
subcontratistas que compartan de forma continuada centro de trabajo
podrán hacer uso de dichos locales en los términos que acuerden con
la empresa. Las posibles discrepancias se resolverán por la autoridad
laboral, previo informe de la Inspección de Trabajo y Seguridad Social.

TÍTULO III
De la negociación colectiva y de los convenios colectivos [389]

CAPÍTULO I
Disposiciones generales

Sección 1ª
Naturaleza y efectos de los convenios

82. *Concepto y eficacia.* 1. Los convenios colectivos, como resultado de la negociación desarrollada por los representantes de los trabajadores y de los empresarios, constituyen la expresión del acuerdo libremente adoptado por ellos en virtud de su autonomía colectiva.

2. Mediante los convenios colectivos, y en su ámbito correspondiente, los trabajadores y empresarios regulan las condiciones de trabajo y de productividad. Igualmente podrán regular la paz laboral a través de las obligaciones que se pacten.

3. Los convenios colectivos regulados por esta ley obligan a todos los empresarios y trabajadores incluidos dentro de su ámbito de aplicación y durante todo el tiempo de su vigencia. [390]

Sin perjuicio de lo anterior, cuando concurran causas económicas, técnicas, organizativas o de producción, por acuerdo entre la empresa y los representantes de los trabajadores legitimados para negociar un convenio colectivo conforme a lo previsto en el artículo 87.1, se podrá proceder, previo desarrollo de un periodo de consultas en los términos del artículo 41.4, a inaplicar en la empresa las condiciones de trabajo previstas en el convenio colectivo aplicable, sea este de sector o de empresa, que afecten a las siguientes materias:

a) Jornada de trabajo.

---

[389] Véanse Convenio 98 OIT sobre la aplicación de los principios del derecho de sindicación y de negociación colectiva, adoptado el 1 julio 1949, Res. de 15 de junio de 2015, por la que se registra y publica el III Acuerdo para el Empleo y la Negociación Colectiva 2015, 2016 y 2017 y Res. de 17 de julio de 2018, por la que se registra y publica el IV Acuerdo para el Empleo y la Negociación Colectiva

[390] Téngase en cuenta lo dispuesto en los arts. 8.2 y 66 Ley 22/2003, de 9 julio, Concursal

b) Horario y distribución del tiempo de trabajo.

c) Régimen de trabajo a turnos.

d) Sistema de remuneración y cuantía salarial.

e) Sistema de trabajo y rendimiento.

f) Funciones, cuando excedan de los límites que para la movilidad funcional prevé el artículo 39.

g) Mejoras voluntarias de la acción protectora de la Seguridad Social.

Se entiende que concurren causas económicas cuando de los resultados de la empresa se desprenda una situación económica negativa, en casos tales como la existencia de pérdidas actuales o previstas, o la disminución persistente de su nivel de ingresos ordinarios o ventas. En todo caso, se entenderá que la disminución es persistente si durante dos trimestres consecutivos el nivel de ingresos ordinarios o ventas de cada trimestre es inferior al registrado en el mismo trimestre del año anterior.

Se entiende que concurren causas técnicas cuando se produzcan cambios, entre otros, en el ámbito de los medios o instrumentos de producción; causas organizativas cuando se produzcan cambios, entre otros, en el ámbito de los sistemas y métodos de trabajo del personal o en el modo de organizar la producción, y causas productivas cuando se produzcan cambios, entre otros, en la demanda de los productos o servicios que la empresa pretende colocar en el mercado.

La intervención como interlocutores ante la dirección de la empresa en el procedimiento de consultas corresponderá a los sujetos indicados en el artículo 41.4, en el orden y condiciones señalados en el mismo.

Cuando el periodo de consultas finalice con acuerdo se presumirá que concurren las causas justificativas a que alude el párrafo segundo, y solo podrá ser impugnado ante la jurisdicción social por la existencia de fraude, dolo, coacción o abuso de derecho en su conclusión. El acuerdo deberá determinar con exactitud las nuevas condiciones de trabajo aplicables en la empresa y su duración, que no podrá prolongarse más allá del momento en que resulte aplicable un nuevo convenio en dicha empresa. El acuerdo de inaplicación no podrá dar lugar al incumplimiento de las obligaciones establecidas en convenio relativas a la eliminación de las discriminaciones por razones de género o de las que estuvieran previstas, en su caso, en el plan de igualdad aplicable en la empresa. Asimismo, el acuerdo deberá ser notificado a la comisión paritaria del convenio colectivo.

En caso de desacuerdo durante el periodo de consultas cualquiera de las partes podrá someter la discrepancia a la comisión del convenio, que dispondrá de un plazo máximo de siete días para pronunciarse, a contar desde que la discrepancia le fuera planteada. Cuando no se hubiera solicitado la intervención de la comisión o esta no hubiera alcanzado un acuerdo, las partes deberán recurrir a los procedimientos que se hayan establecido en los acuerdos interprofesionales de ámbito estatal o autonómico, previstos en el artículo 83, para solventar de manera efectiva las discrepancias surgidas en la negociación de los acuerdos a que se refiere este apartado, incluido el compromiso previo de someter las discrepancias a un arbitraje vinculante, en cuyo caso el laudo arbitral tendrá la misma eficacia que los acuerdos en periodo de consultas y solo será recurrible conforme al procedimiento y en base a los motivos establecidos en el artículo 91.

Cuando el periodo de consultas finalice sin acuerdo y no fueran aplicables los procedimientos a los que se refiere el párrafo anterior o estos no hubieran solucionado la discrepancia, cualquiera de las partes podrá someter la solución de la misma a la Comisión Consultiva Nacional de Convenios Colectivos cuando la inaplicación de las condiciones de trabajo afectase a centros de trabajo de la empresa situados en el territorio de más de una comunidad autónoma, o a los órganos correspondientes de las comunidades autónomas en los demás casos. La decisión de estos órganos, que podrá ser adoptada en su propio seno o por un árbitro designado al efecto por ellos mismos con las debidas garantías para asegurar su imparcialidad, habrá de dictarse en plazo no superior a veinticinco días a contar desde la fecha del sometimiento del conflicto ante dichos órganos. Tal decisión tendrá la eficacia de los acuerdos alcanzados en periodo de consultas y solo será recurrible conforme al procedimiento y en base a los motivos establecidos en el artículo 91.

El resultado de los procedimientos a que se refieren los párrafos anteriores que haya finalizado con la inaplicación de condiciones de trabajo deberá ser comunicado a la autoridad laboral a los solos efectos de depósito.

4. El convenio colectivo que sucede a uno anterior puede disponer sobre los derechos reconocidos en aquel. En dicho supuesto se aplicará, íntegramente, lo regulado en el nuevo convenio.

83. *Unidades de negociación.* 1. Los convenios colectivos tendrán el ámbito de aplicación que las partes acuerden. [391]

2. Las organizaciones sindicales y asociaciones empresariales más representativas, de carácter estatal o de comunidad autónoma, podrán establecer, mediante acuerdos interprofesionales, cláusulas sobre la estructura de la negociación colectiva, fijando, en su caso, las reglas que han de resolver los conflictos de concurrencia entre convenios de distinto ámbito.

Estas cláusulas podrán igualmente pactarse en convenios o acuerdos colectivos sectoriales, de ámbito estatal o autonómico, por aquellos sindicatos y asociaciones empresariales que cuenten con la legitimación necesaria, de conformidad con lo establecido en esta ley. [392]

3. Dichas organizaciones de trabajadores y empresarios podrán igualmente elaborar acuerdos sobre materias concretas. Estos acuerdos, así como los acuerdos interprofesionales a que se refiere el apartado 2, tendrán el tratamiento de esta ley para los convenios colectivos. [393]

84. *Concurrencia.* 1. Un convenio colectivo, durante su vigencia, no podrá ser afectado por lo dispuesto en convenios de ámbito distinto salvo pacto en contrario, negociado conforme a lo dispuesto en el artículo 83.2, y salvo lo previsto en el apartado siguiente.

2. La regulación de las condiciones establecidas en un convenio de empresa, que podrá negociarse en cualquier momento de la vigencia de convenios colectivos de ámbito superior, tendrá prioridad aplicativa respecto del convenio sectorial estatal, autonómico o de ámbito inferior en las siguientes materias:

---

[391] Véase disp. adic. 13ª de la presente Ley

[392] Véanse Res. de 15 de junio de 2015, por la que se registra y publica el III Acuerdo para el Empleo y la Negociación Colectiva 2015, 2016 y 2017, Res. de 17 de julio de 2018, por la que se registra y publica el IV Acuerdo para el Empleo y la Negociación Colectiva y Res. de 26 mayo 2008, de la Secretaría de Estado para la Administración Pública, por la que se publica el Acuerdo Administración-Sindicatos para la ordenación de la negociación colectiva en la Administración General del Estado

[393] Véanse Res. de 10 de febrero 2012, V Acuerdo sobre solución autónoma de conflictos laborales, Res. de 9 octubre 2013, Acuerdo de Formación para el Empleo de las Administraciones Públicas de 19 de julio de 2013 y Res. de 3 marzo 2006, IV Acuerdo Nacional de Formación

a) El abono o la compensación de las horas extraordinarias y la retribución específica del trabajo a turnos.

b) El horario y la distribución del tiempo de trabajo, el régimen de trabajo a turnos y la planificación anual de las vacaciones.

c) La adaptación al ámbito de la empresa del sistema de clasificación profesional de las personas trabajadoras.

d) La adaptación de los aspectos de las modalidades de contratación que se atribuyen por esta ley a los convenios de empresa.

e) Las medidas para favorecer la corresponsabilidad y la conciliación entre la vida laboral, familiar y personal.

f) Aquellas otras que dispongan los acuerdos y convenios colectivos a que se refiere el artículo 83.2.

Igual prioridad aplicativa tendrán en estas materias los convenios colectivos para un grupo de empresas o una pluralidad de empresas vinculadas por razones organizativas o productivas y nominativamente identificadas a que se refiere el artículo 87.1.

Los acuerdos y convenios colectivos a que se refiere el artículo 83.2 no podrán disponer de la prioridad aplicativa prevista en este apartado. [394]

3. No obstante lo establecido en el artículo anterior, en el ámbito de una comunidad autónoma, los sindicatos y las asociaciones empresariales que reúnan los requisitos de legitimación de los artículos 87 y 88, podrán negociar convenios colectivos y acuerdos interprofesionales de comunidad autónoma que tendrán prioridad aplicativa sobre cualquier otro convenio sectorial o acuerdo de ámbito estatal, siempre que dichos convenios y acuerdos obtengan el respaldo de las mayorías exigidas para constituir la comisión negociadora en la correspondiente unidad de negociación y su regulación resulte más favorable para las personas trabajadoras que la fijada en los convenios o acuerdos estatales. [395]

4. Podrán tener la misma prioridad aplicativa prevista en el apartado anterior los convenios colectivos provinciales cuando así se prevea en acuerdos interprofesionales de ámbito autonómico suscritos de

---

[394] Dada nueva redacción apartado 2 por art. 1 apartado 9 de Real Decreto-Ley 32/2021 de 28 de diciembre de 2021, tras modificación introducida por art. 4.1 RDL 1/2022 de 18 enero, con vigencia desde 20/01/2022

[395] Dada nueva redacción apartado 3 por art. 1 apartado 2 de Real Decreto-Ley 2/2024 de 21 de mayo de 2024, con vigencia desde 23/05/2024

acuerdo con el articulo 83.2 y siempre que su regulación resulte más favorable para las personas trabajadoras que la fijada en los convenios o acuerdos estatales. [396]

5. En los supuestos previstos en los dos apartados anteriores, se considerarán materias no negociables el periodo de prueba, las modalidades de contratación, la clasificación profesional, la jornada máxima anual de trabajo, el régimen disciplinario, las normas mínimas en materia de prevención de riesgos laborales y la movilidad geográfica. [397]

85. *Contenido.* 1. Dentro del respeto a las leyes, los convenios colectivos podrán regular materias de índole económica, laboral, sindical y, en general, cuantas otras afecten a las condiciones de empleo y al ámbito de relaciones de los trabajadores y sus organizaciones representativas con el empresario y las asociaciones empresariales, incluidos procedimientos para resolver las discrepancias surgidas en los periodos de consulta previstos en los artículos 40, 41, 47 y 51; los laudos arbitrales que a estos efectos puedan dictarse tendrán la misma eficacia y tramitación que los acuerdos en el periodo de consultas, siendo susceptibles de impugnación en los mismos términos que los laudos dictados para la solución de las controversias derivadas de la aplicación de los convenios.

Sin perjuicio de la libertad de las partes para determinar el contenido de los convenios colectivos, en la negociación de los mismos existirá, en todo caso, el deber de negociar medidas dirigidas a promover la igualdad de trato y de oportunidades entre mujeres y hombres en el ámbito laboral o, en su caso, planes de igualdad con el alcance y contenido previsto en el capítulo III del título IV de la Ley Orgánica 3/2007, de 22 de marzo, para la igualdad efectiva de mujeres y hombres.

Igualmente, a través de la negociación colectiva se negociarán protocolos de actuación que recojan medidas de prevención de riesgos

---

[396] Añadido apartado 4 por art. 1 apartado 2 de Real Decreto-Ley 2/2024 de 21 de mayo de 2024, con vigencia desde 23/05/2024

[397] Renumerado apartado 4 por art. 1 apartado 2 de Real Decreto-Ley 2/2024 de 21 de mayo de 2024 como apa 5, con vigencia desde 23/05/2024

específicamente referidas a la actuación frente a catástrofes y otros fenómenos meteorológicos adversos. [398]

2. A través de la negociación colectiva se podrán articular procedimientos de información y seguimiento de los despidos objetivos, en el ámbito correspondiente.

Asimismo, sin perjuicio de la libertad de contratación que se reconoce a las partes, a través de la negociación colectiva se articulará el deber de negociar planes de igualdad en las empresas de más de doscientos cincuenta trabajadores de la siguiente forma:

a) En los convenios colectivos de ámbito empresarial, el deber de negociar se formalizará en el marco de la negociación de dichos convenios.

b) En los convenios colectivos de ámbito superior a la empresa, el deber de negociar se formalizará a través de la negociación colectiva que se desarrolle en la empresa en los términos y condiciones que se hubieran establecido en los indicados convenios para cumplimentar dicho deber de negociar a través de las oportunas reglas de complementariedad.

3. Sin perjuicio de la libertad de contratación a que se refieren los apartados anteriores, los convenios colectivos habrán de expresar como contenido mínimo lo siguiente:

a) Determinación de las partes que los conciertan.

b) Ámbito personal, funcional, territorial y temporal.

c) Procedimientos para solventar de manera efectiva las discrepancias que puedan surgir para la no aplicación de las condiciones de trabajo a que se refiere el artículo 82.3, adaptando, en su caso, los procedimientos que se establezcan a este respecto en los acuerdos interprofesionales de ámbito estatal o autonómico conforme a lo dispuesto en tal artículo.

d) Forma y condiciones de denuncia del convenio, así como plazo mínimo para dicha denuncia antes de finalizar su vigencia.

e) Designación de una comisión paritaria de la representación de las partes negociadoras para entender de aquellas cuestiones establecidas en la ley y de cuantas otras le sean atribuidas, así como establecimiento de los procedimientos y plazos de actuación de esta comisión, incluido el sometimiento de las discrepancias producidas en su seno

---

[398] Dada nueva redacción apartado 1 por disposición final 2 apartado 4 de Real Decreto-Ley 8/2024 de 28 de noviembre de 2024, con vigencia desde 30/11/2024

a los sistemas no judiciales de solución de conflictos establecidos mediante los acuerdos interprofesionales de ámbito estatal o autonómico previstos en el artículo 83.

86. *Vigencia.* [399] 1. Corresponde a las partes negociadoras establecer la duración de los convenios, pudiendo eventualmente pactarse distintos periodos de vigencia para cada materia o grupo homogéneo de materias dentro del mismo convenio.

Durante la vigencia del convenio colectivo, los sujetos que reúnan los requisitos de legitimación previstos en los artículos 87 y 88 podrán negociar su revisión.

2. Salvo pacto en contrario, los convenios colectivos se prorrogarán de año en año si no mediara denuncia expresa de las partes.

3. La vigencia de un convenio colectivo, una vez denunciado y concluida la duración pactada, se producirá en los términos que se hubiesen establecido en el propio convenio.

Durante las negociaciones para la renovación de un convenio colectivo, en defecto de pacto, se mantendrá su vigencia, si bien las cláusulas convencionales por las que se hubiera renunciado a la huelga durante la vigencia de un convenio decaerán a partir de su denuncia. Las partes podrán adoptar acuerdos parciales para la modificación de alguno o algunos de sus contenidos prorrogados con el fin de adaptarlos a las condiciones en las que, tras la terminación de la vigencia pactada, se desarrolle la actividad en el sector o en la empresa. Estos acuerdos tendrán la vigencia que las partes determinen [400] .

4. Transcurrido un año desde la denuncia del convenio colectivo sin que se haya acordado un nuevo convenio, las partes deberán someterse a los procedimientos de mediación regulados en los acuerdos interprofesionales de ámbito estatal o autonómico previstos en el artículo 83, para solventar de manera efectiva las discrepancias existentes.

Asimismo, siempre que exista pacto expreso, previo o coetáneo, las partes se someterán a los procedimientos de arbitraje regulados por dichos acuerdos interprofesionales, en cuyo caso el laudo arbitral tendrá la misma eficacia jurídica que los convenios colectivos y solo

---

[399] Dada nueva redacción por art. 1 apartado 10 de Real Decreto-Ley 32/2021 de 28 de diciembre de 2021, con vigencia desde 31/12/2021
[400] Téngase en cuenta la disp. trans. 7.ª RDL 32/2021 de 28 diciembre

será recurrible conforme al procedimiento y en base a los motivos establecidos en el artículo 91.

Sin perjuicio del desarrollo y solución final de los citados procedimientos de mediación y arbitraje, en defecto de pacto, cuando hubiere transcurrido el proceso de negociación sin alcanzarse un acuerdo, se mantendrá la vigencia del convenio colectivo.

5. El convenio que sucede a uno anterior deroga en su integridad a este último, salvo los aspectos que expresamente se mantengan.

Sección 2ª
Legitimación

87. *Legitimación.* 1. En representación de los trabajadores estarán legitimados para negociar en los convenios de empresa y de ámbito inferior, el comité de empresa, los delegados de personal, en su caso, o las secciones sindicales si las hubiere que, en su conjunto, sumen la mayoría de los miembros del comité.

La intervención en la negociación corresponderá a las secciones sindicales cuando estas así lo acuerden, siempre que sumen la mayoría de los miembros del comité de empresa o entre los delegados de personal.

Cuando se trate de convenios para un grupo de empresas, así como en los convenios que afecten a una pluralidad de empresas vinculadas por razones organizativas o productivas y nominativamente identificadas en su ámbito de aplicación, la legitimación para negociar en representación de los trabajadores será la que se establece en el apartado 2 para la negociación de los convenios sectoriales.

En los convenios dirigidos a un grupo de trabajadores con perfil profesional específico, estarán legitimadas para negociar las secciones sindicales que hayan sido designadas mayoritariamente por sus representados a través de votación personal, libre, directa y secreta.

2. En los convenios sectoriales estarán legitimados para negociar en representación de los trabajadores:

a) Los sindicatos que tengan la consideración de más representativos a nivel estatal, así como, en sus respectivos ámbitos, las organizaciones sindicales afiliadas, federadas o confederadas a los mismos.

b) Los sindicatos que tengan la consideración de más representativos a nivel de comunidad autónoma respecto de los convenios que no trasciendan de dicho ámbito territorial, así como, en sus respectivos ámbitos, las organizaciones sindicales afiliadas, federadas o confederadas a los mismos.

c) Los sindicatos que cuenten con un mínimo del diez por ciento de los miembros de los comités de empresa o delegados de personal en el ámbito geográfico y funcional al que se refiera el convenio.

3. En representación de los empresarios estarán legitimados para negociar:

a) En los convenios de empresa o ámbito inferior, el propio empresario.

b) En los convenios de grupo de empresas y en los que afecten a una pluralidad de empresas vinculadas por razones organizativas o productivas y nominativamente identificadas en su ámbito de aplicación, la representación de dichas empresas.

c) En los convenios colectivos sectoriales, las asociaciones empresariales que en el ámbito geográfico y funcional del convenio cuenten con el diez por ciento de los empresarios, en el sentido del artículo 1.2, y siempre que estas den ocupación a igual porcentaje de los trabajadores afectados, así como aquellas asociaciones empresariales que en dicho ámbito den ocupación al quince por ciento de los trabajadores afectados.

En aquellos sectores en los que no existan asociaciones empresariales que cuenten con la suficiente representatividad, según lo previsto en el párrafo anterior, estarán legitimadas para negociar los correspondientes convenios colectivos de sector las asociaciones empresariales de ámbito estatal que cuenten con el diez por ciento o más de las empresas o trabajadores en el ámbito estatal, así como las asociaciones empresariales de comunidad autónoma que cuenten en esta con un mínimo del quince por ciento de las empresas o trabajadores.

4. Asimismo estarán legitimados en los convenios de ámbito estatal los sindicatos de comunidad autónoma que tengan la consideración de más representativos conforme a lo previsto en el artículo 7.1 de la Ley Orgánica 11/1985, de 2 de agosto, de Libertad Sindical, y las asociaciones empresariales de la comunidad autónoma que reúnan los requisitos señalados en la disposición adicional sexta de la presente ley.

5. Todo sindicato, federación o confederación sindical, y toda asociación empresarial que reúna el requisito de legitimación, tendrá derecho a formar parte de la comisión negociadora. [401]

88. *Comisión negociadora.* 1. El reparto de miembros con voz y voto en el seno de la comisión negociadora se efectuará con respeto al derecho de todos los legitimados según el artículo anterior y en proporción a su representatividad.

2. La comisión negociadora quedará válidamente constituida cuando los sindicatos, federaciones o confederaciones y las asociaciones empresariales a que se refiere el artículo anterior representen como mínimo, respectivamente, a la mayoría absoluta de los miembros de los comités de empresa y delegados de personal, en su caso, y a empresarios que ocupen a la mayoría de los trabajadores afectados por el convenio.

En aquellos sectores en los que no existan órganos de representación de los trabajadores, se entenderá válidamente constituida la comisión negociadora cuando la misma esté integrada por las organizaciones sindicales que ostenten la condición de más representativas en el ámbito estatal o de comunidad autónoma.

En aquellos sectores en los que no existan asociaciones empresariales que cuenten con la suficiente representatividad, se entenderá válidamente constituida la comisión negociadora cuando la misma esté integrada por las organizaciones empresariales estatales o autonómicas referidas en el párrafo segundo del artículo 87.3.c).

En los supuestos a que se refieren los dos párrafos anteriores, el reparto de los miembros de la comisión negociadora se efectuará en proporción a la representatividad que ostenten las organizaciones sindicales o empresariales en el ámbito territorial de la negociación.

3. La designación de los componentes de la comisión corresponderá a las partes negociadoras, quienes de mutuo acuerdo podrán designar un presidente y contar con la asistencia en las deliberaciones de asesores, que intervendrán, igual que el presidente, con voz pero sin voto.

4. En los convenios sectoriales el número de miembros en representación de cada parte no excederá de quince. En el resto de los convenios no se superará el número de trece.

---

[401] Véase art. 8.2 LOLS

5. Si la comisión negociadora optara por la no elección de un presidente, las partes deberán consignar en el acta de la sesión constitutiva de la comisión los procedimientos a emplear para moderar las sesiones y deberá firmar las actas que correspondan a las mismas un representante de cada una de ellas, junto con el secretario.

CAPÍTULO II
Procedimiento

Sección 1ª
Tramitación, aplicación e interpretación

89. *Tramitación.* 1. La representación de los trabajadores, o de los empresarios, que promueva la negociación, lo comunicará a la otra parte, expresando detalladamente en la comunicación, que deberá hacerse por escrito, la legitimación que ostenta de conformidad con los artículos anteriores, los ámbitos del convenio y las materias objeto de negociación. En el supuesto de que la promoción sea el resultado de la denuncia de un convenio colectivo vigente, la comunicación deberá efectuarse simultáneamente con el acto de la denuncia. De esta comunicación se enviará copia, a efectos de registro, a la autoridad laboral correspondiente en función del ámbito territorial del convenio.

La parte receptora de la comunicación solo podrá negarse a la iniciación de las negociaciones por causa legal o convencionalmente establecida, o cuando no se trate de revisar un convenio ya vencido, sin perjuicio de lo establecido en los artículos 83 y 84; en cualquier caso se deberá contestar por escrito y motivadamente.

Ambas partes estarán obligadas a negociar bajo el principio de la buena fe.

En los supuestos de que se produjera violencia, tanto sobre las personas como sobre los bienes y ambas partes comprobaran su existencia, quedará suspendida de inmediato la negociación en curso hasta la desaparición de aquella.

2. En el plazo máximo de un mes a partir de la recepción de la comunicación, se procederá a constituir la comisión negociadora; la parte receptora de la comunicación deberá responder a la propuesta

de negociación y ambas partes establecerán un calendario o plan de negociación.

3. Los acuerdos de la comisión requerirán, en cualquier caso, el voto favorable de la mayoría de cada una de las dos representaciones.

4. En cualquier momento de las deliberaciones, las partes podrán acordar la intervención de un mediador designado por ellas.

90. *Validez.* 1. Los convenios colectivos a que se refiere esta ley han de formalizarse por escrito, bajo sanción de nulidad.

2. Los convenios deberán ser presentados ante la autoridad laboral competente, a los solos efectos de registro, dentro del plazo de quince días a partir del momento en que las partes negociadoras lo firmen. Una vez registrado, el convenio será remitido al órgano público competente para su depósito. [402]

3. En el plazo máximo de veinte días desde la presentación del convenio en el registro se dispondrá por la autoridad laboral su publicación obligatoria y gratuita en el «Boletín Oficial del Estado» o en el correspondiente boletín oficial de la comunidad autónoma o de la provincia, en función del ámbito territorial del convenio.

4. El convenio entrará en vigor en la fecha en que acuerden las partes.

5. Si la autoridad laboral estimase que algún convenio conculca la legalidad vigente o lesiona gravemente el interés de terceros, se dirigirá de oficio a la jurisdicción social, la cual resolverá sobre las posibles deficiencias previa audiencia de las partes, conforme a lo establecido en la Ley 36/2011, de 10 de octubre, Reguladora de la Jurisdicción Social. [403]

6. Sin perjuicio de lo establecido en el apartado anterior, la autoridad laboral velará por el respeto al principio de igualdad en los convenios colectivos que pudieran contener discriminaciones, directas o indirectas, por razón de sexo.

A tales efectos, podrá recabar el asesoramiento del Instituto de la Mujer y para la Igualdad de Oportunidades o de los organismos de igualdad de las comunidades autónomas, según proceda por su ámbito

---

[402] Véase RD 713/2010, de 28 mayo, sobre registro y depósito de convenios y acuerdos colectivos de trabajo

[403] Véanse arts. 163 a 166 LRJS

territorial. Cuando la autoridad laboral se haya dirigido a la jurisdicción social por entender que el convenio colectivo pudiera contener cláusulas discriminatorias, lo pondrá en conocimiento del Instituto de la Mujer y para la Igualdad de Oportunidades o de los organismos de igualdad de las comunidades autónomas, según su ámbito territorial, sin perjuicio de lo establecido en el artículo 95.3 de la Ley 36/2011, de 10 de octubre, reguladora de la Jurisdicción Social.

91. *Aplicación e interpretación del convenio colectivo.* 1. Sin perjuicio de las competencias legalmente atribuidas a la jurisdicción social, el conocimiento y resolución de las cuestiones derivadas de la aplicación e interpretación de los convenios colectivos corresponderá a la comisión paritaria de los mismos. [404]

2. No obstante lo establecido en el apartado anterior, en los convenios colectivos y en los acuerdos a que se refiere el artículo 83.2 y 3, se podrán establecer procedimientos, como la mediación y el arbitraje, para la solución de las controversias colectivas derivadas de la aplicación e interpretación de los convenios colectivos. El acuerdo logrado a través de la mediación y el laudo arbitral tendrán la misma eficacia jurídica y tramitación que los convenios colectivos regulados en esta ley, siempre que quienes hubiesen adoptado el acuerdo o suscrito el compromiso arbitral tuviesen la legitimación que les permita acordar, en el ámbito del conflicto, un convenio colectivo conforme a lo previsto en los artículos 87, 88 y 89. [405]

Estos acuerdos y laudos serán susceptibles de impugnación por los motivos y conforme a los procedimientos previstos para los convenios colectivos. Específicamente cabrá el recurso contra el laudo arbitral en el caso de que no se hubiesen observado en el desarrollo de la actuación arbitral los requisitos y formalidades establecidos al efecto, o cuando el laudo hubiese resuelto sobre puntos no sometidos a su decisión.

3. En los supuestos de conflicto colectivo relativo a la interpretación o aplicación del convenio deberá intervenir la comisión paritaria del mismo con carácter previo al planteamiento formal del conflicto en el

---

[404] Véase art. 153 LRJS

[405] Véase Res. de 10 febrero 2012, de la Dirección General de Empleo, por la que se registra y publica el V Acuerdo sobre solución autónoma de conflictos laborales

ámbito de los procedimientos no judiciales a que se refiere el apartado anterior o ante el órgano judicial competente.

4. Las resoluciones de la comisión paritaria sobre interpretación o aplicación del convenio tendrán la misma eficacia jurídica y tramitación que los convenios colectivos regulados en esta ley.

5. Los procedimientos de solución de conflictos a que se refiere este artículo serán, asimismo, de aplicación en las controversias de carácter individual, cuando las partes expresamente se sometan a ellos.

Sección 2ª
Adhesión y extensión

92. *Adhesión y extensión.* 1. En las respectivas unidades de negociación, las partes legitimadas para negociar podrán adherirse, de común acuerdo, a la totalidad de un convenio colectivo en vigor, siempre que no estuvieran afectadas por otro, comunicándolo a la autoridad laboral competente a efectos de registro.

2. El Ministerio de Empleo y Seguridad Social, o el órgano correspondiente de las comunidades autónomas con competencia en la materia, podrán extender, con los efectos previstos en el artículo 82.3, las disposiciones de un convenio colectivo en vigor a una pluralidad de empresas y trabajadores o a un sector o subsector de actividad, por los perjuicios derivados para los mismos de la imposibilidad de suscribir en dicho ámbito un convenio colectivo de los previstos en este título III, debida a la ausencia de partes legitimadas para ello. [406]

La decisión de extensión se adoptará siempre a instancia de parte y mediante la tramitación del procedimiento que reglamentariamente se determine, cuya duración no podrá exceder de tres meses, teniendo la ausencia de resolución expresa en el plazo establecido efectos desestimatorios de la solicitud.

Tendrán capacidad para iniciar el procedimiento de extensión quienes se hallen legitimados para promover la negociación colectiva en el ámbito correspondiente conforme a lo dispuesto en el artículo 87.2 y 3.

---

[406] Véanse RD 718/2005, de 5 marzo, por el que se aprueba el procedimiento de extensión de convenios colectivos

DISPOSICIONES ADICIONALES

Disposición adicional primera. *Trabajo por cuenta propia.* El trabajo realizado por cuenta propia no estará sometido a la legislación laboral, excepto en aquellos aspectos que por precepto legal se disponga expresamente. [407]

Disposición adicional segunda. *Contratos para la formación y el aprendizaje.* 1. El límite de edad y de duración para los contratos para la formación y el aprendizaje establecidos en las letras a) y b) del artículo 11.2 no será de aplicación cuando se suscriban en el marco de los programas públicos de empleo y formación contemplados en el texto refundido de la Ley de Empleo.

Asimismo, en estos contratos las situaciones de incapacidad temporal, riesgo durante el embarazo, maternidad, adopción, guarda con fines de adopción, acogimiento, riesgo durante la lactancia y paternidad no interrumpirán el cómputo de la duración del contrato.

Apartado 2 (Derogado) [408]

Disposición adicional tercera. *Negociación colectiva y contrato fijo de obra.* Lo dispuesto en el artículo 15.1.a) y 5 y en el artículo 49.1.c) se entiende sin perjuicio de lo que se establece o pueda establecerse sobre la regulación del contrato fijo de obra, incluida su indemnización por cese, en la negociación colectiva de conformidad con la disposición adicional tercera de la Ley 32/2006, de 18 de octubre, reguladora de la subcontratación en el sector de la construcción.

Disposición adicional cuarta. *Conceptos retributivos.* Las modificaciones introducidas por la Ley 11/1994, de 19 de mayo, por la que se modifican determinados artículos del Estatuto de los Trabajadores, y del texto articulado de la Ley de Procedimiento Laboral y de la Ley sobre Infracciones y Sanciones en el Orden Social, en la regulación legal del salario no afectarán a los conceptos retributivos que tuvieran

---

[407] Véase Ley 20/2007, de 11 julio, del Estatuto del trabajo autónomo

[408] Derogado apartado 2 por disposición derogatoria única apartado 2 letra c de Real Decreto-Ley 28/2018 de 28 de diciembre de 2018, con vigencia desde 01/01/2019

reconocidos los trabajadores hasta el 12 de junio de 1994, que se mantendrán en los mismos términos que rigieran en ese momento hasta que por convenio colectivo se establezca un régimen salarial que conlleve la desaparición o modificación de dichos conceptos.

Disposición adicional quinta. *Personal de alta dirección.* Las retribuciones del personal de alta dirección gozarán de las garantías del salario establecidas en los artículos 27.2, 29, 32 y 33. [409]

Disposición adicional sexta. *Representación institucional de los empresarios.* A efectos de ostentar representación institucional en defensa de intereses generales de los empresarios ante las Administraciones Públicas y otras entidades u organismos de carácter estatal o de comunidad autónoma que la tengan prevista, se entenderá que gozan de esta capacidad representativa las asociaciones empresariales que cuenten con el diez por ciento o más de las empresas y trabajadores en el ámbito estatal.

Asimismo, podrán también estar representadas las asociaciones empresariales de comunidad autónoma que cuenten en esta con un mínimo del quince por ciento de los empresarios y trabajadores. No estarán comprendidas en este supuesto las asociaciones empresariales que estén integradas en federaciones o confederaciones de ámbito estatal.

Las organizaciones empresariales que tengan la condición de más representativas con arreglo a esta disposición adicional gozarán de capacidad para obtener cesiones temporales del uso de inmuebles patrimoniales públicos en los términos que se establezcan legalmente. [410]

Disposición adicional séptima. *Regulación de condiciones por rama de actividad.* La regulación de condiciones de trabajo por rama de actividad para los sectores económicos de la producción y demarcaciones territoriales en que no exista convenio colectivo podrá realizarse por el Gobierno, a propuesta del Ministerio de Empleo y Seguridad Social, previas las consultas que considere oportunas a las asociaciones

---

[409] Véase art. 15 RD 1382/1985, de 1 agosto, por el que se regula la Relación Laboral de carácter Especial del personal de Alta Dirección

[410] Véanse art. 6.3 f) LOLS y Ley 4/1986, de 8 enero, de cesión de bienes del Patrimonio Sindical Acumulado

empresariales y organizaciones sindicales, sin perjuicio de lo dispuesto en el artículo 92, que será siempre procedimiento prioritario.

Disposición adicional octava. *Código de Trabajo.* El Gobierno, a propuesta del Ministerio de Empleo y Seguridad Social, recogerá en un texto único denominado Código de Trabajo, las distintas leyes orgánicas y ordinarias que, junto con la presente, regulan las materias laborales, ordenándolas en títulos separados, uno por ley, con numeración correlativa, respetando íntegramente su texto literal.

Asimismo se incorporarán sucesiva y periódicamente a dicho Código de Trabajo todas las disposiciones generales laborales mediante el procedimiento que se fije por el Gobierno en cuanto a la técnica de incorporación, según el rango de las normas incorporadas.

Disposición adicional novena. *Comisión Consultiva Nacional de Convenios Colectivos.* 1. La Comisión Consultiva Nacional de Convenios Colectivos, como órgano colegiado, adscrito al Ministerio de Empleo y Seguridad Social a través de la Dirección General de Empleo, de carácter tripartito y paritario e integrado por representantes de la Administración General del Estado, así como de las organizaciones empresariales y sindicales más representativas, tendrá las siguientes funciones:

a) El asesoramiento y consulta sobre el ámbito funcional de los convenios colectivos y sobre el convenio colectivo de aplicación a una empresa, así como la consulta en el supuesto de extensión de un convenio colectivo regulado en el artículo 92.

b) El estudio, información y elaboración de documentación sobre la negociación colectiva, así como la difusión de la misma mediante el Observatorio de la Negociación Colectiva.

c) La intervención en los procedimientos de solución de discrepancias en los casos de desacuerdo en el periodo de consultas para la inaplicación de las condiciones de trabajo establecidas en los convenios colectivos de acuerdo con el artículo 82.3.

2. Reglamentariamente se establecerá la composición y organización de la Comisión Consultiva Nacional de Convenios Colectivos, así como sus procedimientos de actuación. [411]

3. El funcionamiento y las decisiones de la Comisión Consultiva Nacional de Convenios Colectivos se entenderán siempre sin perjuicio de las atribuciones que correspondan a la jurisdicción y a la autoridad laboral en los términos establecidos por las leyes.

4. Para el desarrollo de las funciones establecidas en esta ley, la Comisión Consultiva Nacional de Convenios Colectivos será reforzada en sus actuaciones por la Dirección General de Empleo de acuerdo con las medidas de apoyo que se establezcan en las normas de desarrollo reglamentario, previa consulta con las organizaciones sindicales y empresariales más representativas.

5. Si alguna comunidad autónoma no tuviera constituido y en funcionamiento un órgano tripartito equivalente a la Comisión Consultiva Nacional de Convenios Colectivos ni mantuviera convenio de colaboración en vigor con el Ministerio de Empleo y Seguridad Social acordando la actuación de la Comisión en el ámbito territorial de esa comunidad, la Comisión Consultiva Nacional de Convenios Colectivos podrá, subsidiariamente y en tanto en cuanto no se constituyan y estén en funcionamiento dichos órganos tripartitos equivalentes, conocer de las solicitudes presentadas por las empresas y los representantes legales de los trabajadores para dar solución a las discrepancias surgidas por falta de acuerdo sobre la inaplicación de las condiciones de trabajo, presentes en el convenio colectivo de aplicación, cuando dicha inaplicación afecte a centros de trabajo de la empresa situados en el territorio de dicha comunidad autónoma.

Disposición adicional décima. *Cláusulas de los convenios colectivos referidas al cumplimiento de la edad ordinaria de jubilación.* [412] [413]

1. En aras de favorecer la prolongación de la vida laboral, los convenios colectivos podrán establecer cláusulas que posibiliten la extinción

---

[411] Véase RD 1362/2012, de 27 septiembre, por el que se regula la Comisión Consultiva Nacional de Convenios Colectivos

[412] Dada nueva redacción por disposición final 1 apartado 1 de Ley 21/2021 de 28 de diciembre de 2021, con vigencia desde 01/01/2022

[413] Téngase en cuenta la disp. trans. 9.ª de esta ley

del contrato de trabajo por el cumplimiento por el trabajador de una edad igual o superior a 68 años, siempre que cumplan los siguientes requisitos:

a) La persona trabajadora afectada por la extinción del contrato de trabajo deberá reunir los requisitos exigidos por la normativa de Seguridad Social para tener derecho al cien por ciento de la pensión ordinaria de jubilación en su modalidad contributiva.

b) La medida deberá vincularse, como objetivo coherente de política de empleo expresado en el convenio colectivo, al relevo generacional a través de la contratación indefinida y a tiempo completo de, al menos, un nuevo trabajador o trabajadora.

2. Excepcionalmente, con el objetivo de alcanzar la igualdad real y efectiva entre mujeres y hombres coadyuvando a superar la segregación ocupacional por género, el límite del apartado anterior podrá rebajarse hasta la edad ordinaria de jubilación fijada por la normativa de Seguridad Social cuando la tasa de ocupación de las mujeres trabajadoras por cuenta ajena afiliadas a la Seguridad Social en alguna de las actividades económicas correspondientes al ámbito funcional del convenio sea inferior al 20 por ciento de las personas ocupadas en las mismas.

Las actividades económicas que se tomarán como referencia para determinar el cumplimiento de esta condición estará definida por los códigos de la Clasificación Nacional de Actividades Económicas (CNAE) en vigor en cada momento, incluidos en el ámbito del convenio aplicable según los datos facilitados al realizar su inscripción en el Registro y depósito de convenios y acuerdos colectivos de trabajo y planes de igualdad (REGCON), de conformidad con el artículo 6.2 y el anexo 1 del Real Decreto 713/2010, de 28 de mayo, sobre registro y depósito de convenios y acuerdos colectivos de trabajo. La Administración de la Seguridad Social facilitará la tasa de ocupación de las trabajadoras respecto de la totalidad de trabajadores por cuenta ajena en cada una de las CNAE correspondientes en la fecha de constitución de la comisión negociadora del convenio.

La aplicación de esta excepción exigirá, además, el cumplimiento de los siguientes requisitos:

a) La persona afectada por la extinción del contrato de trabajo deberá reunir los requisitos exigidos por la normativa de Seguridad Social para tener derecho al cien por ciento de la pensión ordinaria de jubilación en su modalidad contributiva.

b) En el CNAE al que esté adscrita la persona afectada por la aplicación de esta cláusula concurra una tasa de ocupación de empleadas inferior al 20 por ciento sobre el total de personas trabajadoras a la fecha de efectos de la decisión extintiva. Este CNAE será el que resulte aplicable para la determinación de los tipos de cotización para la cobertura de las contingencias de accidentes de trabajo y enfermedades profesionales.

c) Cada extinción contractual en aplicación de esta previsión deberá llevar aparejada simultáneamente la contratación indefinida y a tiempo completo de, al menos, una mujer en la mencionada actividad.

La decisión extintiva de la relación laboral será con carácter previo comunicada por la empresa a los representantes legales de los trabajadores y a la propia persona trabajadora afectada.

Disposición adicional undécima. *Acreditación de la capacidad representativa de las organizaciones sindicales.* A los efectos de expedición de las certificaciones acreditativas de la capacidad representativa de las organizaciones sindicales en el ámbito estatal prevista en el artículo 75.7, las comunidades autónomas deberán remitir mensualmente copia de las actas electorales registradas a la oficina pública estatal.

Disposición adicional duodécima. *Preavisos.* El Gobierno podrá reducir el plazo mínimo de preaviso de un mes previsto en el párrafo segundo del artículo 67.1, en los sectores de actividad con alta movilidad del personal, previa consulta con las organizaciones sindicales que en ese ámbito funcional ostenten, al menos, el diez por ciento de los representantes de los trabajadores, y con las asociaciones empresariales que cuenten con el diez por ciento de los empresarios y de los trabajadores afectados por el mismo ámbito funcional.

Disposición adicional decimotercera. *Solución no judicial de conflictos.* En el supuesto de que, aun no habiéndose pactado en el convenio colectivo aplicable un procedimiento para resolver las discrepancias en los periodos de consultas, se hubieran establecido, conforme al artículo 83, órganos o procedimientos no judiciales de solución de conflictos en el ámbito territorial correspondiente, quienes sean parte en dichos periodos de consultas podrán someter de común acuerdo su controversia a dichos órganos. [414]

Disposición adicional decimocuarta. *Consideración de víctimas del terrorismo a efectos laborales.* Se consideran incluidas a efectos de lo dispuesto en los artículos 37.8 y 40.4 las personas a las que se refieren los artículos 5 y 33 de la Ley 29/2011, de 22 de septiembre, de Reconocimiento y Protección Integral a las Víctimas del Terrorismo.

Disposición adicional decimoquinta. *Aplicación de los límites de duración del contrato por obra o servicio determinados y al encadenamiento de contratos en las Administraciones Públicas. Apartado 1 (Derogado)* [415]

Apartado 2 (Derogado) [416]

3. Para la aplicación del límite al encadenamiento de contratos previsto en el artículo 15.5, solo se tendrán en cuenta los contratos celebrados en el ámbito de cada una de las Administraciones Públicas sin que formen parte de ellas, a estos efectos, los organismos públicos, agencias y demás entidades de derecho público con personalidad jurídica propia vinculadas o dependientes de las mismas. En todo caso, lo dispuesto en dicho artículo 15.5 no será de aplicación respecto de las modalidades particulares de contrato de trabajo contempladas en la Ley Orgánica 6/2001, de 21 de diciembre, de Universidades o en cualesquiera otras normas con rango de ley.

Disposición adicional decimosexta. *Aplicación del despido por causas económicas, técnicas, organizativas o de producción en el sector público.* [417] *(Derogada)*

---

[414] Véase Res. de 10 febrero 2012, de la Dirección General de Empleo, por la que se registra y publica el V Acuerdo sobre solución autónoma de conflictos laborales

[415] Derogado apartado 1 por disposición derogatoria única apartado 2 de Real Decreto-Ley 32/2021 de 28 de diciembre de 2021, con vigencia desde 30/03/2022

[416] Derogado apartado 2 por disposición derogatoria única apartado 2 de Real Decreto-Ley 32/2021 de 28 de diciembre de 2021, con vigencia desde 30/03/2022

[417] Derogada por disposición derogatoria única apartado 2 de Real Decreto-Ley 32/2021 de 28 de diciembre de 2021, con vigencia desde 30/03/2022

Disposición adicional decimoséptima. *Suspensión del contrato de trabajo y reducción de jornada en las Administraciones Públicas.* [418] Lo previsto en los artículos 47 y 47 bis no será de aplicación a las Administraciones Públicas y a las entidades de derecho público vinculadas o dependientes de una o varias de ellas y de otros organismos públicos, salvo a aquellas que se financien mayoritariamente con ingresos obtenidos como contrapartida de operaciones realizadas en el mercado. [419]

Disposición adicional decimoctava. *Discrepancias en materia de conciliación.* Las discrepancias que surjan entre empresarios y trabajadores en relación con el ejercicio de los derechos de conciliación de la vida personal, familiar y laboral reconocidos legal o convencionalmente se resolverán por la jurisdicción social a través del procedimiento establecido en el artículo 139 de la Ley 36/2011, de 10 de octubre, Reguladora de la Jurisdicción Social.

Disposición adicional decimonovena. *Cálculo de indemnizaciones en determinados supuestos de jornada reducida.* [420] 1. En los supuestos de reducción de jornada contemplados en el artículo 37.4 en su párrafo final, así como en sus apartados 5, 6 y 8, el salario a tener en cuenta a efectos del cálculo de las indemnizaciones previstas en esta ley será el que hubiera correspondido a la persona trabajadora sin considerar la reducción de jornada efectuada, siempre y cuando no hubiera transcurrido el plazo máximo legalmente establecido para dicha reducción.

2. Igualmente, será de aplicación lo dispuesto en el párrafo anterior en los supuestos de ejercicio a tiempo parcial de los derechos según lo establecido en el séptimo párrafo del artículo 48.4, en el segundo párrafo del artículo 48.5 y en el artículo 48 bis.

---

[418] Dada nueva redacción por disposición final 3 de Real Decreto-Ley 32/2021 de 28 de diciembre de 2021, con vigencia desde 31/12/2021

[419] Véase disp. adic. 3ª RD 1483/2012 de 29 octubre, por el que se aprueba el Reglamento de los procedimientos de despido colectivo y de suspensión de contratos y reducción de jornada

[420] Dada nueva redacción por art. 127 apartado 10 de Real Decreto-Ley 5/2023 de 28 de junio de 2023, con vigencia desde 30/06/2023

Disposición adicional vigésima. *Contratos formativos celebrados con trabajadores con discapacidad.* [421] [422]

1. Las empresas que celebren contratos formativos con trabajadores con discapacidad tendrán derecho a una bonificación de cuotas con cargo a los presupuestos del Servicio Público de Empleo Estatal, durante la vigencia del contrato, del cincuenta por ciento de la cuota empresarial de la Seguridad Social correspondiente a contingencias comunes, previstas para estos contratos.

2. Continuarán siendo de aplicación a los contratos formativos que se celebren con trabajadores con discapacidad que trabajen en centros especiales de empleo las peculiaridades que para dichos contratos se prevén en el artículo 7 del Real Decreto 1368/1985, de 17 de julio, por el que se regula la relación laboral de carácter especial de las personas con discapacidad que trabajen en los Centros Especiales de Empleo.

3. Las bonificaciones de cuotas a las que se refiere el apartado 1 se aplicarán por la Tesorería General de la Seguridad Social conforme a los datos, aplicaciones y programas de los que disponga para la gestión liquidatoria y recaudatoria de recursos del sistema de la Seguridad Social. La Inspección de Trabajo y Seguridad Social vigilará su procedencia.

Disposición adicional vigesimoprimera. *Sustitución de trabajadores excedentes por cuidado de familiares.* [423] *(Derogada)*

Disposición adicional vigesimosegunda. *Permisos de nacimiento, adopción, del progenitor diferente de la madre biológica y lactancia del personal laboral al servicio de las Administraciones públicas.* [424] Resultarán de aplicación al personal laboral de las Administraciones públicas los permisos de nacimiento, adopción, del progenitor diferente de la madre biológica y lactancia regulados en el texto refundido de la Ley del Estatuto Básico del Empleado Público, aprobado por Real

---

[421] Dada nueva redacción por art. 1 apartado 11 de Real Decreto-Ley 32/2021 de 28 de diciembre de 2021, con vigencia desde 31/12/2021

[422] Véase art. 20 LGSS, aprobada por RDLeg. 8/2015

[423] Derogada por disposición derogatoria única apartado 2 de Real Decreto-Ley 32/2021 de 28 de diciembre de 2021, con vigencia desde 30/03/2022

[424] Añadida por art. 2 apartado 17 de Real Decreto-Ley 6/2019 de 1 de marzo de 2019, con vigencia desde 08/03/2019

Decreto Legislativo 5/2015, de 30 de octubre, no siendo de aplicación a este personal, por tanto, las previsiones de la presente Ley sobre las suspensiones de los contratos de trabajo que, en su caso, corresponderían por los mismos supuestos de hecho.

Disposición adicional vigesimotercera. *Presunción de laboralidad en el ámbito de las plataformas digitales de reparto.* [425] Por aplicación de lo establecido en el artículo 8.1, se presume incluida en el ámbito de esta ley la actividad de las personas que presten servicios retribuidos consistentes en el reparto o distribución de cualquier producto de consumo o mercancía, por parte de empleadoras que ejercen las facultades empresariales de organización, dirección y control de forma directa, indirecta o implícita, mediante la gestión algorítmica del servicio o de las condiciones de trabajo, a través de una plataforma digital.

Esta presunción no afecta a lo previsto en el artículo 1.3 de la presente norma.

Disposición adicional vigesimocuarta. *Compromiso de reducción de la tasa de temporalidad.* [426] 1. El Gobierno efectuará una evaluación de los resultados obtenidos por las medidas previstas en el Real Decreto-ley 32/2021, de 28 de diciembre, de medidas urgentes para la reforma laboral, la garantía de la estabilidad en el empleo y la transformación del mercado de trabajo, mediante el análisis de los datos de contratación temporal e indefinida en enero del año 2025, procediendo a la publicación oficial, a estos efectos, de la tasa de temporalidad general y por sectores.

Dicha evaluación deberá repetirse cada dos años.

2. En el caso de que los resultados de la evaluación anterior demuestren que no se avanza en la reducción de la tasa de temporalidad, ya sea en la general o en la de los diferentes sectores, el Gobierno elevará a la mesa de diálogo social una propuesta de medidas adicionales que permitan la consecución de dicho objetivo, general o sectorial, para su discusión y eventual acuerdo con los interlocutores sociales.

---

[425] Dada nueva redacción por art. único apartado 2 de Ley 12/2021 de 28 de septiembre de 2021, con vigencia desde 30/09/2021

[426] Añadida por art. 1 apartado 12 de Real Decreto-Ley 32/2021 de 28 de diciembre de 2021, con vigencia desde 31/12/2021

Disposición adicional vigesimoquinta. *Acciones formativas en los expedientes de regulación temporal de empleo regulados en los artículos 47 y 47 bis.* [427] Durante las reducciones de jornada de trabajo o suspensiones de contratos de trabajo a las que se refieren los artículos 47 y 47 bis, las empresas podrán desarrollar acciones formativas para cada una de las personas afectadas, que tendrán como objetivo la mejora de las competencias profesionales y la empleabilidad de las personas trabajadoras.

A través de estas acciones se priorizará el desarrollo de acciones formativas dirigidas a atender las necesidades formativas reales de las empresas y los trabajadores incluyendo las vinculadas a la adquisición de competencias digitales, así como aquellas que permitan recualificar a las personas trabajadoras, aunque no tengan relación directa con la actividad desarrollada en la empresa.

Las acciones formativas se desarrollarán a través de cualquiera de los tipos de formación previstos en la Ley Orgánica 5/2002, de 19 de junio, de las Cualificaciones y de la Formación Profesional y en la Ley 30/2015, de 9 de septiembre, por la que se regula el sistema de formación profesional, de acuerdo con los requisitos y procedimientos establecidos en dichas normas, o a través de cualquier otro sistema de formación acreditada.

Las acciones formativas deberán desarrollarse durante la aplicación de la reducción de la jornada o suspensión del contrato, en el ámbito de un expediente de regulación temporal de empleo, o en tiempo de trabajo. En cualquier caso, deberán respetarse los descansos legalmente establecidos y el derecho a la conciliación de la vida laboral, personal y familiar.

Disposición adicional vigesimosexta. *Acceso a los datos de los expedientes de regulación temporal de empleo por la Tesorería General de la Seguridad Social, el Servicio Público de Empleo Estatal y la Inspección de Trabajo y Seguridad Social.* [428] La Tesorería General de la Seguridad Social, el Servicio Público de Empleo Estatal y la Inspección de Trabajo y Seguridad Social tendrán acceso, a través de

---

[427] Añadida por art. 1 apartado 13 de Real Decreto-Ley 32/2021 de 28 de diciembre de 2021, con vigencia desde 31/12/2021

[428] Añadida por art. 1 apartado 14 de Real Decreto-Ley 32/2021 de 28 de diciembre de 2021, con vigencia desde 31/12/2021

los procedimientos automatizados que se establezcan, a todos los datos necesarios para la identificación y tipo del expediente de regulación temporal de empleo, de la empresa y de las personas trabajadoras incluidas en el expediente, el tipo de medida a aplicar, el período en el que se puede producir la reducción de jornada de trabajo o suspensión de los contratos de trabajo y el porcentaje máximo de reducción de jornada o periodo máximo de suspensión de contrato previsto respecto de cada persona trabajadora.

Disposición adicional vigesimoséptima. *Régimen jurídico aplicable en los casos de contratas y subcontratas suscritas con centros especiales de empleo.* [429] En los casos de contratas y subcontratas suscritas con los centros especiales de empleo regulados en el texto refundido de la Ley General de derechos de las personas con discapacidad y de su inclusión social, aprobado por el Real Decreto Legislativo 1/2013, de 29 de noviembre, no será de aplicación el artículo 42.6 del texto refundido de la Ley del Estatuto de los Trabajadores.

Disposición adicional vigesimoctava. *Elecciones a órganos de representación en el ámbito de las personas artistas que desarrollan su actividad en las artes escénicas, audiovisuales y musicales, así como de las personas que realizan actividades técnicas o auxiliares necesarias para el desarrollo de dicha actividad.* [430] Como excepción a lo dispuesto en el artículo 69.2, las personas dedicadas a las actividades artísticas, así como a las actividades técnicas y auxiliares necesarias para su desarrollo, incluidas en el ámbito de aplicación del Real Decreto 1435/1985, de 1 de agosto, por el que se regula la relación laboral especial de las personas artistas que desarrollan su actividad en las artes escénicas, audiovisuales y musicales, así como de las personas que realizan actividades técnicas o auxiliares necesarias para el desarrollo de dicha actividad, serán electoras cuando sean mayores de dieciséis años y elegibles cuando tengan dieciocho años cumplidos y siempre

---

[429] Añadida por art. 1 apartado 15 de Real Decreto-Ley 32/2021 de 28 de diciembre de 2021, con vigencia desde 31/12/2021

[430] Añadida por art. 1 apartado 3 de Real Decreto-Ley 2/2024 de 21 de mayo de 2024, con vigencia desde 23/05/2024

que, en ambos casos, cuenten con una antigüedad en la empresa de, al menos, veinte días.

Disposición adicional vigesimonovena. [431] [432] Los órganos de representación, gobierno y administración de las asociaciones empresariales a las que hace referencia el artículo 87 de esta ley se nombrarán atendiendo al principio de representación paritaria y presencia equilibrada entre mujeres y hombres, de tal manera que las personas de cada sexo no superen el sesenta por ciento ni sean menos del cuarenta por ciento.

Si el porcentaje de miembros del sexo menos representado no alcanza el cuarenta por ciento se proporcionará una explicación motivada de las causas, así como de las medidas adoptadas para alcanzar ese porcentaje.

DISPOSICIONES TRANSITORIAS

Disposición transitoria primera. *Contratos celebrados antes de la entrada en vigor de esta ley.* Continuarán siendo de aplicación a los contratos celebrados antes de la entrada en vigor de esta ley las normas específicas aplicables a cada una de las modalidades contractuales que estuvieran vigentes en el momento en que dichos contratos se concertaron, salvo que otra cosa se hubiera establecido legalmente.

Disposición transitoria segunda. *Contratos para la formación y el aprendizaje. Apartado 1 (Derogado)* [433]
2. Las referencias realizadas en las disposiciones legales, reglamentarias o en los convenios colectivos al contrato para la formación deberán entenderse realizadas, a partir del 31 de agosto de 2011, al contrato para la formación y el aprendizaje a que se refiere el artículo

---

[431] Téngase en cuenta que la aplicación de lo dispuesto en esta disposición será a partir del 30 de junio de 2028, conforme a la disp. trans 1ª.7 LO 2/2024 de 1 agosto

[432] Añadida por art. 14 de Ley Orgánica 2/2024 de 1 agosto de 2024, con vigencia desde 22/08/2024

[433] Derogado apartado 1 por disposición derogatoria única apartado 2 letra c de Real Decreto-Ley 28/2018 de 28 de diciembre de 2018, con vigencia desde 01/01/2019

11.2 en la medida en que no se opongan o contradigan lo establecido en el mismo.

Disposición transitoria tercera. *Contratos a tiempo parcial por jubilación parcial y de relevo y edad de jubilación.* A efectos de lo establecido los artículos 12.6 y 7, se tendrán en cuenta las edades previstas en el texto refundido de la Ley General de la Seguridad Social.

Disposición transitoria cuarta. *Negociación colectiva y modalidades contractuales.* Lo dispuesto en el artículo 15.1.a) en materia de duración máxima del contrato se entiende sin perjuicio de lo que estuviera establecido en los convenios colectivos sectoriales vigentes a 19 de septiembre de 2010 sobre la duración máxima del contrato por obra o servicio determinados.

Disposición transitoria quinta. *Limitación del encadenamiento de modalidades contractuales.* 1. Lo previsto en el artículo 15.5 será de aplicación a los contratos de trabajo suscritos a partir del 18 de junio de 2010.

2. Respecto a los contratos suscritos por el trabajador antes del 18 de junio de 2010, seguirá siendo de aplicación, a los efectos del cómputo del número de contratos, lo establecido en el artículo 15.5 según la redacción dada al mismo por la Ley 43/2006, de 29 de diciembre, para la mejora del crecimiento y del empleo, siempre que los contratos se hubieran celebrado a partir del 15 de junio de 2006.

Respecto a los contratos suscritos por el trabajador antes de 15 de junio de 2006, a los efectos del cómputo del número de contratos, del periodo y del plazo previsto en el citado artículo 15.5, se tomará en consideración el vigente a 15 de junio de 2006.

3. A los efectos de lo establecido en el artículo 15.5, quedará excluido del cómputo del plazo de veinticuatro meses y del periodo de treinta meses a que se refiere el citado artículo el tiempo transcurrido entre el 31 de agosto de 2011 y el 31 de diciembre de 2012, haya existido o no prestación de servicios por el trabajador entre dichas fechas, computándose en todo caso a los efectos de lo indicado en dicho artículo los periodos de servicios transcurridos, respectivamente, con anterioridad o posterioridad a las mismas.

Disposición transitoria sexta. *Horas complementarias.* El régimen de horas complementarias pactado con anterioridad al 22 de diciembre de 2013 continuará siendo de aplicación en los contratos vigentes a dicha fecha, salvo que las partes acuerden modificarlo en los términos establecidos en la actual redacción de los apartados 4 y 5 del artículo 12.

Disposición transitoria séptima. *Duración del permiso de paternidad en los casos de nacimiento, adopción, guarda con fines de adopción o acogimiento hasta la entrada en vigor de la Ley 9/2009, de 6 de octubre.* En tanto no entre en vigor la Ley 9/2009, de 6 de octubre, de ampliación de la duración del permiso de paternidad en los casos de nacimiento, adopción o acogida, la duración del permiso de paternidad a que se refiere el primer párrafo del artículo 48.7 será de trece días ininterrumpidos ampliables en los supuestos de parto, adopción, guarda con fines de adopción o acogimiento múltiples en dos días más por cada hijo a partir del segundo.

De conformidad con la disposición adicional sexta de la Ley 2/2008, de 23 de diciembre, de Presupuestos Generales del Estado para 2009, dicho permiso tendrá una duración de veinte días cuando el nuevo nacimiento, adopción, guarda con fines de adopción o acogimiento se produzca en una familia numerosa, cuando la familia adquiera dicha condición con el nuevo nacimiento, adopción, guarda con fines de adopción o acogimiento o cuando en la familia haya una persona con discapacidad. La duración indicada se ampliará en los supuestos de parto, adopción, guarda con fines de adopción o acogimiento múltiples en dos días más por cada hijo o menor a partir del segundo, o si uno de ellos es una persona con discapacidad.

Disposición transitoria octava. *Indemnización por finalización de contrato temporal.* 1. La indemnización prevista a la finalización del contrato temporal establecida en el artículo 49.1.c) se aplicará de modo gradual conforme al siguiente calendario:

Ocho días de salario por cada año de servicio para los contratos temporales celebrados hasta el 31 de diciembre de 2011.

Nueve días de salario por cada año de servicio para los contratos temporales celebrados a partir del 1 de enero de 2012.

Diez días de salario por cada año de servicio para los contratos temporales celebrados a partir del 1 de enero de 2013.

Once días de salario por cada año de servicio para los contratos temporales celebrados a partir del 1 de enero de 2014.

Doce días de salario por cada año de servicio para los contratos temporales celebrados a partir del 1 de enero de 2015.

2. La indemnización por finalización del contrato a la que se refiere el citado artículo 49.1.c) no será de aplicación a las extinciones de contratos celebrados con anterioridad al 4 de marzo de 2001, cualquiera que sea la fecha de su extinción.

Disposición transitoria novena. *Aplicación temporal de lo establecido en la disposición adicional décima.* [434] Lo establecido en la disposición adicional décima sólo se aplicará a los convenios colectivos suscritos desde el 1 de enero de 2022. En los convenios colectivos suscritos con anterioridad a esta fecha, las cláusulas de jubilación forzosa podrán ser aplicadas hasta tres años después de la finalización de la vigencia inicial pactada del convenio en cuestión.

Disposición transitoria décima. *Régimen aplicable a expedientes de regulación de empleo iniciados conforme a la normativa anterior.* 1. Los expedientes de regulación de empleo para la extinción o suspensión de los contratos de trabajoo para la reducción de jornada que estuvieran en tramitación a 12 de febrero de 2012 se regirán por la normativa vigente en el momento de su inicio.

2. Los expedientes de regulación de empleo para la extinción o la suspensión de los contratos de trabajo o para la reducción de jornada resueltos por la autoridad laboral y con vigencia en su aplicación a 12 de febrero de 2012 se regirán por la normativa en vigor cuando se dictó la resolución del expediente.

Disposición transitoria undécima. *Indemnizaciones por despido improcedente.* 1. La indemnización por despido prevista en el artículo 56.1 será de aplicación a los contratos suscritos a partir del 12 de febrero de 2012.

2. La indemnización por despido improcedente de los contratos formalizados con anterioridad al 12 de febrero de 2012 se calculará a razón de cuarenta y cinco días de salario por año de servicio por el

---

[434] Añadida por disposición final 1 apartado 2 de Ley 21/2021 de 28 de diciembre de 2021, con vigencia desde 01/01/2022

tiempo de prestación de servicios anterior a dicha fecha, prorrateándose por meses los periodos de tiempo inferiores a un año, y a razón de treinta y tres días de salario por año de servicio por el tiempo de prestación de servicios posterior, prorrateándose igualmente por meses los periodos de tiempo inferiores a un año. El importe indemnizatorio resultante no podrá ser superior a setecientos veinte días de salario, salvo que del cálculo de la indemnización por el periodo anterior al 12 de febrero de 2012 resultase un número de días superior, en cuyo caso se aplicará este como importe indemnizatorio máximo, sin que dicho importe pueda ser superior a cuarenta y dos mensualidades, en ningún caso.

3. A efectos de indemnización por extinción por causas objetivas, los contratos de fomento de la contratación indefinida celebrados con anterioridad al 12 de febrero de 2012 continuarán rigiéndose por la normativa a cuyo amparo se concertaron.

En caso de despido disciplinario, la indemnización por despido improcedente se calculará conforme a lo dispuesto en el apartado 2.

Disposición transitoria duodécima. *Salarios de tramitación.* Lo dispuesto en el artículo 56.5 será de aplicación a los expedientes de reclamación al Estado de salarios de tramitación en los que no hubiera recaído sentencia firme de despido el 15 de julio de 2012.

Disposición transitoria decimotercera. *Aplicación paulatina del artículo 48 en la redacción por el Real Decreto-ley 6/2019, de 1 de marzo, de medidas urgentes para garantía de la igualdad de trato y de oportunidades entre mujeres y hombres en el empleo y la ocupación.* [435] 1. Los apartados 4, 5, y 6 del artículo 48, en la redacción dada por el Real Decreto-ley 6/2019, de 1 de marzo, de medidas urgentes para garantía de la igualdad de trato y de oportunidades entre mujeres y hombres en el empleo y la ocupación, serán de aplicación gradual conforme a las siguientes reglas:

a) En el caso de nacimiento, la madre biológica disfrutará completamente de los periodos de suspensión regulados en el Real Decreto-ley 6/2019, de 1 de marzo, desde su entrada en vigor.

---

[435] Añadida por art. 2 apartado 18 de Real Decreto-Ley 6/2019 de 1 de marzo de 2019, con vigencia desde 08/03/2019

b) A partir de la entrada en vigor del Real Decreto-ley 6/2019, de 1 de marzo, en el caso de nacimiento, el otro progenitor contará con un periodo de suspensión total de ocho semanas, de las cuales las dos primeras, deberá disfrutarlas de forma ininterrumpida inmediatamente tras el parto.

La madre biológica podrá ceder al otro progenitor un periodo de hasta cuatro semanas de su periodo de suspensión de disfrute no obligatorio. El disfrute de este periodo por el otro progenitor, así como el de las restantes seis semanas, se adecuará a lo dispuesto en el artículo 48.4.

c) A partir de la entrada en vigor del Real Decreto-ley 6/2019, de 1 de marzo, en el caso de adopción, guarda con fines de adopción o acogimiento, cada progenitor dispondrá de un periodo de suspensión de seis semanas a disfrutar a tiempo completo de forma obligatoria e ininterrumpida inmediatamente después de la resolución judicial por la que se constituye la adopción o bien de la decisión administrativa de guarda con fines de adopción o de acogimiento. Junto a las seis semanas de disfrute obligatorio, los progenitores/as podrán disponer de un total de doce semanas de disfrute voluntario que deberán disfrutar de forma ininterrumpida dentro de los doce meses siguientes a la resolución judicial por la que se constituya la adopción o bien a la decisión administrativa de guarda con fines de adopción o de acogimiento, de conformidad con lo previsto en el artículo 48.5. Cada progenitor podrá disfrutar individualmente de un máximo de diez semanas sobre las doce semanas totales de disfrute voluntario, quedando las restantes sobre el total de las doce semanas a disposición del otro progenitor. Cuando los dos progenitores que ejerzan este derecho trabajen para la misma empresa, ésta podrá limitar el disfrute simultáneo de las doce semanas voluntarias por razones fundadas y objetivas, debidamente motivadas por escrito.

d) A partir de 1 de enero de 2020, en el caso de nacimiento, el otro progenitor contará con un periodo de suspensión total de doce semanas, de las cuales las cuatro primeras deberá disfrutarlas de forma ininterrumpida inmediatamente tras el parto. La madre biológica podrá ceder al otro progenitor un periodo de hasta dos semanas de su periodo de suspensión de disfrute no obligatorio El disfrute de este periodo por el otro progenitor, así como el de las restantes ocho semanas, se adecuará a lo dispuesto en el artículo 48.4.

e) A partir de 1 de enero de 2020, en el caso de adopción, guarda con fines de adopción o acogimiento, cada progenitor dispondrá de un periodo de suspensión de seis semanas a disfrutar a tiempo completo de forma obligatoria e ininterrumpida inmediatamente después de la resolución judicial por la que se constituye la adopción o bien de la decisión administrativa de guarda con fines de adopción o de acogimiento. Junto a las seis semanas de disfrute obligatorio, los progenitores/as podrán disponer de un total de dieciséis semanas de disfrute voluntario que deberán disfrutar de forma ininterrumpida dentro de los doce meses siguientes a la resolución judicial por la que se constituya la adopción o bien a la decisión administrativa de guarda con fines de adopción o de acogimiento, de conformidad con lo previsto en el artículo 48.5. Cada progenitor podrá disfrutar individualmente de un máximo de diez semanas sobre las dieciséis semanas totales de disfrute voluntario, quedando las restantes sobre el total de las dieciséis semanas a disposición del otro progenitor. Cuando los dos progenitores que ejerzan este derecho trabajen para la misma empresa, ésta podrá limitar el disfrute simultáneo de las dieciséis semanas voluntarias por razones fundadas y objetivas, debidamente motivadas por escrito.

f) A partir de 1 de enero de 2021, cada progenitor disfrutará de igual periodo de suspensión del contrato de trabajo, incluyendo seis semanas de permiso obligatorio para cada uno de ellos, siendo de aplicación íntegra la nueva regulación dispuesta en el Real Decreto-ley 6/2019, de 1 de marzo.

2. En tanto no se produzca la total equiparación en los periodos de suspensión de ambos progenitores, y en el periodo de aplicación paulatina, el nuevo sistema se aplicará con las siguientes particularidades:

a) En caso de fallecimiento de la madre biológica, con independencia de que ésta realizara o no algún trabajo, el otro progenitor tendrá derecho a la totalidad de 16 semanas de suspensión previstas para la madre biológica de conformidad con el artículo 48.4.

b) En el caso de nacimiento, el otro progenitor podrá seguir haciendo uso del periodo de suspensión inicialmente cedido por la madre biológica aunque, en el momento previsto para la reincorporación de la madre al trabajo, ésta se encuentre en situación de incapacidad temporal.

c) En el caso de que un progenitor no tuviese derecho a suspender su actividad profesional con derecho a prestaciones de acuerdo con las normas que regulen dicha actividad, el otro progenitor tendrá derecho a suspender su contrato de trabajo por la totalidad de 16 semanas, sin que le sea aplicable ninguna limitación del régimen transitorio.

d) En los supuestos de adopción, de guarda con fines de adopción y de acogimiento, de acuerdo con el artículo 45.1.d), en caso de que ambos progenitores trabajen, el periodo de suspensión se distribuirá a opción de los interesados, que podrán disfrutarlo de forma simultánea o sucesiva, dentro de los límites de disfrute compartido establecidos para cada año del periodo transitorio. Los periodos a los que se refieren dichos apartados podrán disfrutarse en régimen de jornada completa o a tiempo parcial, previo acuerdo entre los empresarios y los trabajadores afectados, en los términos que reglamentariamente se determinen.

DISPOSICIONES FINALES

Disposición final primera. *Título competencial.* Esta ley se dicta de acuerdo con lo establecido en el artículo 149.1.7.ª de la Constitución Española, que atribuye al Estado la competencia exclusiva en materia de legislación laboral sin perjuicio de su ejecución por los órganos de las comunidades autónomas.

Disposición final segunda. *Desarrollo reglamentario.* 1. El Gobierno dictará las disposiciones que sean precisas para el desarrollo de esta ley.

2. El Gobierno, previas las consultas que considere oportunas a las asociaciones empresariales y organizaciones sindicales, dictará las normas necesarias para la aplicación del título II en aquellas empresas pertenecientes a sectores de actividad en las que sea relevante el número de trabajadores no fijos o el de trabajadores menores de dieciocho años, así como a los colectivos en los que, por la naturaleza de sus actividades, se ocasione una movilidad permanente, una acusada dispersión o unos desplazamientos de localidad, ligados al ejercicio normal de sus actividades, y en los que concurran otras circunstancias que hagan aconsejable su inclusión en el ámbito de aplicación del título II citado. En todo caso, dichas normas respetarán el contenido básico de esos procedimientos de representación en la empresa.

ÍNDICE ANALÍTICO

Resuelve rápidamente tus dudas

CÓDIGOS BÁSICOS

Los Códigos Básicos de Lefebvre recopilan **las claves fundamentales** sobre las diferentes leyes vigentes en el sistema jurídico español. Esenciales para todos los profesionales del derecho, otorgan acceso a información legislativa fundamental, actualizada y verificada por expertos, agilizando tus procesos de consulta legal.

TITULOS DE LA COLECCIÓN

· Código Administrativo
· Código Civil
· Código Extranjería
· Código Penal
· Código Penal y Legislación Complementaria
· Constitución Española y Ley Orgánica del Tribunal Constitucional
· Estatuto de los Trabajadores
· Ley Concursal
· Ley de Enjuiciamiento Civil

· Ley de Enjuiciamiento Criminal
· Ley de la Jurisdicción Voluntaria
· Ley de Propiedad Horizontal y Ley de Arrendamientos Urbanos
· Ley de Sociedades de Capital
· Ley General de la Seguridad Social
· Ley Orgánica del Poder Judicial
· Ley Reguladora de la Jurisdicción Social
· Ley y Reglamento Hipotecario

 Lefebvre